Meditación

El manual definitivo para meditaciones efectivas que conducen al placer duradero y la serenidad interior

(Técnicas simples para principiantes y escépticos inquietos)

Anselmo Franco

TABLA DE CONTENIDOS

Introducción 1

Ejercicios Para La Meditación Que Te Ayudan A Dormir Rápidamente 6

¿Debería Estar De Pie, Sentarse O Mentir? 20

Meditación Que Incluye Afirmaciones 34

Meditación Yoni Mudra 42

Meditación En La Práctica 61

La Apertura De La Conciencia 78

¿Puede Controlar Su Pensamiento? 87

¿Cuál Es El Significado De La Consciencia Plena? ... 98

¿Cuánto Meditar? 116

Meditación Profunda. 125

Meditación Guiada: So Ham 134

¿Qué Significa La Meditación Cristiana? 157

Introducción

Todo lo que necesita saber sobre la Meditación se discutirá en los siguientes capítulos, desde cómo empezar a llevar las lecciones que aprenderás a lo largo del día. La meditación es una lección de vida importante para aprender porque puede ayudarte en varias situaciones a lo largo del día, como estar estresado por el tráfico o tratando con personas difíciles.

El constante pensamiento en el futuro es uno de los mayores factores de estrés en la vida. Cuando estamos trabajando, nos preguntamos qué haremos después. Después del desayuno, con frecuencia ya estamos pensando en lo que vamos a comer para la cena. Practicar la meditación te enseñará a disfrutar del presente en lugar de preocuparte por lo que vendrá después.

Para comenzar el primer capítulo, abordaremos los principios de la meditación. Aprenderá todo lo que necesita saber, desde cómo ser consciente del momento presente hasta cómo ser consciente de tus propios pensamientos y sentimientos. Debido a que con frecuencia no queremos dedicar tiempo a nosotros mismos, estos son elementos fundamentales para la meditación. Muchos de nosotros pasamos mucho tiempo preocupados por los demás y trabajando tanto como podemos. De hecho, creo que estás tratando de respirar mientras lees esta introducción. Tómese un momento para relajarse, inhale profundamente e intente calmarse.

La meditación no se trata de apresurarse a la siguiente tarea, como pronto descubrirás. Mientras trabajamos en una serie de meditaciones, quiero que te recuerdes que esta no es una práctica egoísta. Es importante darle a tu mente algo de paz y tranquilidad, al igual que nutrimos nuestros cuerpos con alimentos saludables. La paz del alma es tan crucial como la salud del cuerpo. Se te dará un regalo de vida nunca antes visto cuando combines ambos aspectos.

El capítulo cuatro te enseñará cómo iniciar tu primera meditación después de explicar los beneficios de la meditación y cómo crear el mejor entorno para hacerla. Aquí, aprenderás algunas habilidades de inducción básicas y cómo aprovechar al máximo tu práctica. Antes de comenzar a practicar los guiones de visualización de meditación, nos aseguraremos de que te sientas cómodo, ya sea a través de ejercicios de respiración o un examen completo de tu cuerpo.

Es importante destacar que no debe participar en esta práctica con expectativas. Tomar medidas para aliviar el estrés y la ansiedad es el factor más importante. Cuando no puedas detener tus pensamientos, puedes sentirte frustrado, pero te aseguro que a medida que practiques más, podrás disfrutar de los beneficios de la meditación.

¡Gracias una vez más por elegir este libro, ya que hay una gran cantidad de libros disponibles para su compra! Se ha hecho todo lo posible para llenarlo de información útil; ¡por favor, disfrutenlo!

Ejercicios Para La Meditación Que Te Ayudan A Dormir Rápidamente

Prueba todos los días estos simples ejercicios de meditación para calmarte y mejorar tu calidad de sueño.

La mayoría de las veces, simplemente recordamos los problemas del día antes de acostarnos en nuestros pensamientos. La meditación consiste en tomarse un momento para uno mismo, sentarse y observar cómo nos encontramos mentalmente.

La meditación es como "ventilar" nuestras preocupaciones. Esto facilita la llegada y la calidad del sueño. La práctica budista, que ha estado influenciada por la tradición filosófica y espiritual durante mucho tiempo, se democratizó hace unos diez años. Por lo tanto, vamos a hacer un circuito de cuatro ejercicios cada noche cuando la noche promete ser difícil.

1. Empezar a medir la atención médica

Puede observar sus sensaciones corporales mientras está acostado o sentado con los ojos cerrados. Comenzamos con la sensación de nuestros pies en el suelo y luego avanzamos hacia nuestras piernas, pelvis, torso, cuello y cabeza. El malestar y la tensión deben ser tratados con amabilidad.

2. La falta de vivienda

Siempre es una buena idea sentarse durante unos minutos si el insomnio está muy presente e inundando tu cuerpo. Preste atención y tómese el tiempo para observar con delicadeza y precisión cómo toda preocupación afecta nuestra vida. ¿Está tensando la garganta? ¿Sudando las manos? ¿Está experimentando falta de aire, dolor en las piernas o en la espalda? Acércate an este dolor con gran tranquilidad, confiando en tu respiración y sensaciones.

3. Las tres agradecimientos

Este es un ejercicio típico que se puede realizar mientras está acostado en la cama. Tómese un momento para recordar tres eventos positivos que ocurrieron durante el día. Una sonrisa de un colega, una amabilidad de un comerciante, una palabra de aliento o, por supuesto, una buena noticia pueden ser muy simples. El esfuerzo de recordar estos momentos nos permite sentir la alegría que nos dieron y vuelve nuestra mente al lado generoso de la vida.

4. Satisfacción

Se toma un momento para sentarse en un cojín o una silla, prestar atención a su respiración, cerrar los ojos y luego pensar en un ser querido antes de irse a la cama. Puede ser cualquiera, amigo, familiar, hijo, primo... En ese momento, intentamos experimentar el impacto que el amor por esa persona tiene en nuestro corazón: ¿es calor, sencillez, libertad, ternura y fragilidad?

Estos cuatro ejercicios, si se practican todos los días, le permiten manejar las dificultades del día con más libertad y aprovechar mejor la práctica de meditación que haya elegido. Por lo tanto, puede superar el insomnio más fácilmente.

ACTIVIDAD DE ZUMBIDO DE ABEJAS

Te presentamos este ejercicio para complementar tu rutina de meditación del sueño. En realidad, en este ejercicio, el practicante cierra los oídos y exhala lentamente un sonido vibrante similar al zumbido.

Si ha tenido un episodio de ansiedad que le ha perturbado el sueño, haga este ejercicio porque calma y relaja la mente. Te concentras en el funcionamiento del cuerpo. ¿Cómo se puede lograr? Examinar paso a paso

Acuéstese cómodo.

Inhala y exhala profundamente tres veces a través de la nariz de la misma manera que lo harías cuando meditas en atención plena. Al respirar, tu cuerpo se calma. Cerra los ojos.

Mantenga los codos hacia arriba y cúbrase suavemente las orejas con los pulgares.

Exhala y respira lentamente. Su respiración debe ser profunda, como si dijera "zumbido".

Concéntrese en los sonidos a su alrededor mientras coloca los brazos en su regazo.

Concéntrate en todo tu cuerpo, como el contacto con el colchón, el calor de las sábanas en tu piel, tu respiración, cuando te hayas calmado. Y descansa tu mente.

"Desde entonces, Jesús comenzó a predicar y a decir: "Arrepentíos, porque el reino de los cielos se ha acercado". Simón, también conocido como Pedro, y su hermano Andrés, eran pescadores y Jesús los vio echando la red en el mar de

Galilea. Él les dijo: "Vengan en mi búsqueda y los convertiré en pescadores".

Cuando tenía 29 años, se trasladó de Nazaret a Capernaum y comenzó a proclamar que el Reino celestial había llegado. Hizo milagros, sanidades, convirtió el agua en vino, multiplicó los panes y los peces, caminó sobre el mar, sanó al paralitico, echó fuera los demonios, resucitó a Lázaro, entre otros. Me refiero a Jesucristo. La acción comenzó en un pueblo cercano al mar de Galilea. Comenzó por sí mismo y luego recurrió a dos hermanos, Simón y Andrés. Un pequeño comienzo para un gran proyecto celestial.

Al hombre Dios le ha dado la habilidad de iniciar cosas grandes, y ninguna de las cosas existentes ha tenido un comienzo tan grande. Si tienes algo que hacer, simplemente hazlo; no pienses en cómo llegarás al otro lado. Activa tu fe, proclama la Palabra de Dios y confía en que Dios te apoyará en lo que hagas. Solo sea fiel an Él, a su Palabra y a todo lo que hagas, hazlo de corazón, como si fuera para Jesucristo.

El apóstol Pablo expresó: "Siempre que me acuerdo de vosotros, siempre en todas mis oraciones, rogo con alegría por vuestra comunión en el evangelio, desde el primer día hasta ahora; estoy convencido de que el que comenzó la buena obra en vosotros, la perfeccionará hasta el día de Jesucristo". Filipenses 1:3-6

1 Pedro 21:18-24

Unidad 12

Quiero que sepáis mi gran lucha por vosotros, por los que están en Laodicea y por todos los que nunca han visto mi rostro, para que sus corazones sean consolados y unidos en amor, para conocer el misterio de Dios el Padre y de Cristo, en quien se encuentran todos los tesoros de la sabiduría y el conocimiento. Colosenses 2, 1 a 3.

El apóstol Pablo trabajó para que los hermanos de otras iglesias pudieran conocer el poder de la unidad. El versículo anterior contiene una clave: Unidos por el amor. La unidad en el amor de Cristo es la voluntad de Dios. Debido a que la unidad puede existir, pero no en el amor de Cristo, sino en los intereses de las personas.

La Escritura dice en 1 Corintios 10: 24, que nada de lo que hacemos debe ser para beneficio de nosotros mismos. "Ninguno busque su propio bien, sino el del otro." Es crucial que siempre intentemos mantener la unidad, sabiendo que todo lo que hagamos debe ser como para el Señor. El Padre, el Hijo y el Espíritu Santo estaban presentes cuando Dios unió los cielos y la tierra.

La unidad es poderosa. En Mateo 18, se dice que si dos de vosotros llegan an un acuerdo en la tierra sobre cualquier cosa que pidan, mi Padre que está en los cielos lo hará. Todos estaban unánimes en el aposento alto el día de Pentecostés y recibieron el poder de lo Alto. Hoy es un día para llegar a un acuerdo con alguien y solicitar a Dios la unidad del

Espíritu. Pensa en un amigo, escribe, llama o busca an un amigo para llegar an un acuerdo sobre algo por lo que están orando, y Dios seguramente hará maravillas.

En este momento, memoriza este pasaje: "Y esta es la confianza que tenemos en él, que si pedimos algo conforme a su voluntad, él nos oye". Y si sabemos que él escucha nuestras peticiones, tenemos nuestras peticiones. Juan 1:9, 14-15

Las Moscas: "La lengua también es un miembro pequeño, pero se jacta de grandes cosas". ¡Qué gran bosque ilumina un pequeño fuego! La lengua es un lugar de oscuridad y maldad. La lengua se encuentra entre nuestros miembros y contamina todo nuestro cuerpo, lo que provoca una llama en la rueda de la creación, y el infierno también la enciende. Santiago 3, 5-6

Las moscas rondan el plato cuando se sienta a comer algo delicioso. Las moscas conocidas siempre existirán, sin importar cuánto se intente eliminarlas. Es importante destacar dos aspectos fascinantes de las moscas.

¿De qué se alimentan?

Las larvas consumen carne cruda y materia fecal. Las moscas adultas consumen todo tipo de alimentos con azúcar, incluso el néctar y la fruta en crudo.

Su entorno

Las moscas habitan la basura y la materia fecal de los animales. La muerte atrae a las moscas a las pocas horas de su fallecimiento. La mayoría de las moscas se reproducen durante el día.

Así como las moscas se alimentan de alimentos descompuestos, materia fecal y viven en la basura, así mismo se puede generar la contaminación espiritual por lo que hablamos.

Los creyentes en Cristo deben discutir asuntos de bendición para edificar y glorificar a Dios. Para proclamar la victoria, la unción y el poder de Jesucristo, debemos invocar su precioso nombre. Según el apóstol Santiago, de una fuente no puede salir agua dulce y agua amarga. Y nos dice que el cuerpo puede ser contaminado por la lengua. Habla, pero no contamine el Cuerpo de Cristo con críticas innecesarias, chismes o falsedades. Usemos nuestros labios para alabar y bendecir a Dios y a los hermanos.

Pongamos en práctica este versículo hoy: "Hablando entre vosotros con salmos, himnos y cánticos espirituales, cantando y alabando al Señor en vuestros corazones; dando siempre gracias al Dios y Padre, en el nombre de nuestro Señor Jesucristo". Efesías 5,19-20

¿Debería Estar De Pie, Sentarse O Mentir?

¿Cuál es la postura ideal para meditar? Si te has hecho esta pregunta, recuerda el padmasana, o "posición de loto", la postura clásica de la meditación del yoga. Pero, como un experto en este campo, te diré que no se trata de la postura en absoluto, sino de lo que sucede. dentro de tu conciencia cuando aceptas que o otro pose

Puede que ni siquiera sea una pose, sino una dinámica de protección. acción. Lo que sea: baile, trabajo, sexo, lo que sea. Cualquier cosa que puedas tomar en serio sin ser idiota Debido a que si la acción te cautiva, el BI está completamente entregado a ella, esta ya es una premisa seria para meditar.

Incluso el yoga clásico tiene una definición de "sat-guru". significa que su vida es una meditación. No hay necesidad de tomar ninguna acción: la vida te inspirará y te enseñará todo lo que necesitas. Esto ocurre cuando una persona vive "en el flujo", siempre en un estado de conciencia meditativo.

Sin embargo, es poco probable que tenga éxito si comienza con esto. Y es poco probable que descubra una forma de iluminación o curación de sus propias enfermedades. Pero la experiencia de vida te dirá dónde comenzar la meditación, cómo dar los primeros pasos hacia la recuperación y cómo superar an uno mismo.

¡Crear!

Atención a las palabras que se han arruinado en el Testamento:

Dios creó al hombre a su imagen, varón y mujer. hecho por ellos.

Esto significa que en cada uno de nosotros vive una chispa de la luz más alta, y cada persona por naturaleza. creador. Los datos más recientes del científico también nos convencen. Los científicos han confirmado que si un hombre no se dedica a la creatividad, su fuerza, incluida la fuerza masculina, se derrite cada año como la nieve de primavera. Por lo tanto, mi consejo para los hombres es mantener la alegría y la vitalidad: no perder la cabeza.

Cualquier problema debe ser abordado de manera creativa. Y respeto tu promesa. Todo en la vida está conectado, y créanme, si un hombre no cumple con sus promesas, entonces "no aguanta".

Debido a que la creatividad está ocupada por la mujer, el tema de la creatividad es más relevante para los hombres. Casi siempre, ella es la encargada de decorar y maquillar su hogar, dar a luz, alimentar y educar a los niños. Quizás sea debido a que la creatividad de una mujer se limita an este nivel, lo que la hace más viable. Después de todo, según los resultados finales Los datos sugieren que las mujeres viven en promedio entre 7 y 8 años más que los hombres. Y el individuo que se privó de su creatividad se enfrenta a la inevitable destrucción de sí mismo.

Meditación en sí mismo Actuar creativamente. A través del trabajo con su conciencia, puede crear espiritualmente y participar en la superación personal. Además, la meditación siempre ofrece una solución creativa a cualquier problema.

Shavasana, reina yoga

Pero ahora que hemos descubierto qué pose es lo esencial, no lo esencial, pero lo esencial, la creatividad, lo que está pasando en tu mente, te hablaré de una pose mágica que es imposible mejor adaptarse a la meditación esencial. llamada shavasana.

Además, tengo esta cuenta. reina asanas (posiciones de cuerpo) También fomenta la eliminación del estrés, el agotamiento y el fortalecimiento de la inmunidad, así como la acumulación de energía.

Según la investigación de los médicos, mantenerse en esta posición todos los días durante cinco minutos mejora el bienestar de todos los médicos después de tres semanas. Los médicos también se basaron en indicadores médicos objetivos y en las emociones subjetivas del paciente. Shavasana disminuye la presión arterial, la frecuencia cardíaca, el sueño y los nervios.

Shavasana no es solo una postura; es una postura que requiere mucho trabajo interior para curar, superar y iluminarse. En la mayoría de los casos, la práctica Shavasana consta de tres etapas, que se recomienda realizar secuencialmente. Después de dominar por completo cada una de las etapas, puede pasar a la siguiente. Estas son las siguientes etapas:

Primero, la situación. La autohipnosis ayuda a relajarse.

La segunda etapa. Trabajo mental con partes del cuerpo esenciales. (Trabajar con las áreas, evitando que la energía libre fluya al cuerpo.)

El tercer caso. Relax después de usar imagen energía.

Primer escenario: Acepte la postura shavanasana durante el primer ejercicio. No hay nada más sencillo que irse y relajarse.

No obstante, no es una tarea sencilla. Recuerda cómo de vez en cuando te mueves de lado a lado y no puedes dormir. ¿Qué tan incómodo te parece que te sientas en tu propia cama? almohada demasiado dura o blanda. como cualquier frase sin sentido o pensamiento estúpido que vuelve y vuelve en la cabeza constantemente. La capacidad de relajarse es un arte maravilloso. Ahora te revelaré su enigmas.

Antes de comenzar, lea atentamente todo lo que se ha escrito aquí sobre el primer escenario. Por lo tanto, puede elegir un método que sea más conveniente para usted y tenga en cuenta la subsecuencia de comportamiento. O puede escribir fórmulas de autohipnosis en un tocadiscos y disfrutarlas al principio.

1. Acostarse de espaldas y cerrar los ojos. Los brazos a lo largo del cuerpo pero no tocarlos. Las piernas se separan aproximadamente sobre el ancho de las palmas.

Pronuncie las fórmulas lentamente y monótonamente mientras está en esta posición. autohipnosis, Esto te ayudará a relajar tus músculos. Recordar al conferenciante más tedioso que tuve que escuchar. Recordar y tratar de replicar su pronunciación y entonación de las palabras. No importa lo extraño que parezca, recordar este aburrimiento será beneficioso en este momento. intentando pronunciar fórmulas de autohipnosis de la misma manera que lo hacían el anciano profesor Kashka, la señora dormida con gafas o los líderes del período estancado.... Hacer uso de su imaginación y memoria.

2. Comienza a decirte: "Mi atención está en la pierna derecha". Me relajo, me pongo en paz. Mi pierna correcta se relaja.

Además, consume fórmulas de autohipnosis. Pero antes de pronunciar, debes conocer algunas reglas importantes.

Regla 1. Las tríadas deben formar las fórmulas que pronunciarás.

La primera oración de esta tríada ("Mi atención está en mi pie derecho" en este caso) se enfoca en un área específica del cuerpo, en lugar de relajar los músculos que trabajo. Segundo, enfatiza el aspecto dinámico: "I cálmate I tranquilo".

Tercero: afirma que los músculos de la parte correspondiente del cuerpo se están relajando. Cada una de las fórmulas de la tríada se repite tres o cuatro veces, con un intervalo de tres a cuatro segundos.

Su atención se distrae al comienzo del ejercicio. Sin embargo, al decir: "Mi atención sobre la pierna correcta", automáticamente presta atención an esta parte del cuerpo.

regla 2. Conecte tu mente.

Imagina el haz de una linterna o reflector ficticio que, después de escribir, agarra e ilumina el área del cuerpo en la que está tratando de concentrarse. Por lo tanto, su atención estará completamente enfocada en estas partes del cuerpo.

Regla 3: La relajación en shavasana debe comenzar de abajo hacia arriba, moviéndose de una parte del cuerpo a la otra, desde las piernas hasta la cabeza.

Las fórmulas de autohipnosis de las primeras etapas de Shavasana se incluyen a continuación.

Mi atención se centra en la pierna correcta. Me tranquilizo. Mi pierna derecha estaba relajada. Mi atención se dirige hacia la pierna izquierda. Me tranquilizo. mi pierna izquierda descansa.

Mi atención se dirige hacia mi mano derecha. Calma, yo estoy tranquilo. Mi mano correcta se relaja.

Mi atención se centra en la mano izquierda. Me tranquilizo. Mi mano izquierda se relaja. Mi atención se centra en el torso. Me relajo y me relajo. Mi cuerpo se siente tranquilo. Mi atención se enfoca en el rostro. Me tranquilizo. Mi expresión de tranquilidad.

Por ejemplo, prestar atención al rostro. Frente suave, como una superficie espejo. Los labios y las mejillas se relajaron. Todos los rostros completamente relajados.)

Primero, necesitarás de treinta a cuarenta minutos para completar la etapa inicial de shavasana. Recuerde que las fórmulas deben pronunciarse lentamente y monótonamente y repetirse tres a cuatro veces por cada tríada. No obstante, no tengas miedo. A medida que aprendas estos ejercicios, cuánto tiempo necesitaría para Se reducirá antes de 5 a 10 minutos para relajarse.

La parte dinámica de la fórmula de autohipnosis se elimina a medida que se domina el ejercicio. Puede comer más en la segunda oración tríada si come a la misma hora. Solía sonar como: "Mi atención está en la cara". Me relajo y me relajo. Mi rostro relajado" se puede abreviar como "Mi atención está en el rostro". Aspecto relajado.

No solo se sentirá tranquilo y relajado si lo ha hecho correctamente. musculoso, pero también cálido en todo el cuerpo.

Si te quedas dormido tan pronto como concentras tu atención en tu pierna, debes reconsiderar tu estilo de vida y acostarte temprano. Todo es meditación y sueño. todavía distinto

Si ha superado la primera etapa, puede relajarse y relajarse fácilmente. El calor se extiende por todo tu cuerpo. Solo en este escenario se puede desarrollar con seguridad el segundo escenario.

Meditación Que Incluye Afirmaciones

Crear una afirmación para tu práctica de yoga es algo que probablemente haya escuchado si alguna vez has asistido an una clase de yoga. Para muchos meditadores nuevos, crear una afirmación y usarla puede ser muy confuso y poco satisfactorio.

Tu experiencia con las afirmaciones es Siesta; no estás solo.

¿Cuáles son las declaraciones?

Las afirmaciones son oraciones que nos decimos a nosotros mismos o an otros para crear una mente consciente y subconsciente que tiene un impacto en nuestro comportamiento, pensamiento, hábitos y entorno.

A medida que repetimos estas afirmaciones, las ideas y las imágenes relacionadas quedan grabadas en nuestra mente consciente y subconsciente. Como resultado, la afirmación altera nuestro comportamiento, hábitos, acciones y reacciones.

Algunas afirmaciones populares son las siguientes:

Mi pasado no influye en mi futuro.

Soy capaz de tomar mis propias decisiones. Tengo control sobre cómo reacciono ante los demás. Soy digno de amor. No necesito a nadie más para sentirme feliz. Mis imperfecciones me hacen especial. Tengo el poder de crear cambios. Soy suficiente. Mis necesidades y deseos son importantes.

Atraigo dinero y alcanzaré mis objetivos.

X—Desarrollando una práctica diaria.

Ahora que ha visto todos los beneficios de la meditación y sus varios tipos, es posible que se pregunte cómo comenzar a meditar para que tenga efectos duraderos en su vida. En conclusión, la forma más efectiva de meditar para disfrutar de todos estos beneficios es practicarlo todos los días.

Una práctica diaria es un período de meditación que realizas todos los días, idealmente a la misma hora. Esta sesión lo ayudará an establecer una rutina, relajarse y repetir lo suficiente como para disfrutar de las meditaciones.

¿Cómo puedo convertir esto en una rutina diaria?

Las prácticas diarias se pueden crear fácilmente. Comience seleccionando una hora del día para meditar. Muchas personas prefieren meditar de día o de noche. Ambos tienen ventajas notables.

Meditar por la mañana lo motivará a cumplir y concentrarse en sus tareas y comenzará el día con una buena nota. Si tiene tiempo extra por la mañana o necesita ayuda para encontrar motivación, este puede ser el momento ideal para ti.

Por el contrario, meditar por la noche te permitirá reflexionar sobre el día y resolver cualquier sentimiento no resuelto antes de acostarte. Esto mejorará tu sueño y te preparará para el día siguiente. Si tiene problemas para dormir, necesita más tiempo para reflexionar sobre ti mismo u odias levantarte temprano, es posible que quiera meditar por la noche.

Siempre puede meditar por la mañana y por la noche si realmente está motivado para hacerlo. Asegúrese de no sentirse abrumado, ya que esto puede hacer que deje de meditar por completo.

Después de elegir cuándo meditar, también debe elegir cuánto tiempo quiera hacerlo. Meditar durante la misma cantidad de tiempo entrena a tu cerebro para que se concentre durante un período de tiempo limitado. Según sus necesidades, se recomienda que su práctica diaria dure entre cinco minutos y una hora.

Aunque debe intentar que sus sesiones diarias duren aproximadamente la misma cantidad de tiempo todos los días, siempre puede ajustar el tiempo más adelante o hacer que ciertas sesiones duren más o menos que otras. Este compromiso de tiempo que estás tomando en este momento no es una regla estricta. Considere esto más como un consejo para usted mismo.

A continuación, es posible que desee definir o establecer un lugar donde meditar todos los días. Puede ser un pequeño rincón en su sala de estar o una estera de yoga en su oficina. Pase lo que pase, desea crear un lugar seguro donde su mente pueda entrar de inmediato en un estado de meditación para su práctica diaria.

Después de eso, debes elegir una forma de meditar. En momentos en que estés cansado o no tengas ganas de meditar, tener una técnica de meditación goto te ahorrará tiempo y energía.

Tener una técnica de referencia no significa que tenga que meditar de esa manera cada día. Su rutina diaria debe reflejar sus necesidades diarias. Por lo tanto, puede elegir usar una técnica diferente de meditación en ciertos días, mientras que en otros días puede usar una técnica diferente.

A través de la práctica diaria

Es hora de comenzar a hacer su práctica diaria de meditación una vez que haya decidido cómo hacerlo. Aquí hay algunas cosas que debe recordar al realizar sus actividades diarias.

Intenta hacer la práctica todos los días a la misma hora y durante la misma cantidad mínima de tiempo. Esto ayudará a tu cerebro an adaptarse al ritmo de tu meditación, lo que le permitirá realizar su trabajo.

Además, tenga en cuenta que cada día es distinto. Aunque lo mejor es seguir un cronograma, la improvisación también funciona. cambia tu método de meditación, medita más tiempo o incluso organiza tu lugar de meditación. Debido a que asegura que su meditación sea relevante y útil para su vida actual, siempre le permite improvisar en función de sus necesidades diarias.

Por último, pero no menos importante, sé amable contigo mismo. Llegará un día en que te olvides o no tengas tiempo para hacer tu meditación diaria. No te castigues cuando llegue este día. Sea amable consigo mismo y recuérdese que debe volver a su rutina diaria de meditación al día siguiente.

Meditación Yoni Mudra

Sus cinco sentidos te bombardean constantemente con información. Tu cerebro está recibiendo y procesando una gran cantidad de información incluso mientras estás en silencio y en silencio. El objetivo del Yoni Mudra es bloquear tus sentidos para detener el flujo de información del entorno, lo que te permite concentrarte en lo que sucede en tu "mundo interior". Presta atención a todo lo que está sucediendo a tu alrededor mientras dejas de leer este libro.

¿Qué estás escuchando? El sonido de una computadora, las personas y mascotas caminando, el tráfico, el viento y el tic tac de un reloj.

¿Qué observas? Mucha más información visual se transmite incluso si te concentras en el monitor delante de ti. Estás viendo colores y movimientos tanto frente a ti como a los costados. Y tu mente debe procesar todo eso.

¿Qué hueles? Su ropa, sus muebles y su hogar. El perro que está mojado. La basura que debes eliminar. La pintura recién hecha. Polvo. Jabón.

¿Qué sabor experimentas? Pasta para dientes. Su comida. Café. Refresco.

¿Cómo te sientes? La ropa sobre tu piel, la silla contra tu cuerpo, la picadura de un insecto, el cabello rozando tu mejilla son algunos de los sentimientos que puedes experimentar. ¿Observas lo que quiero expresar? Tu cuerpo siempre te envía información a tu cerebro, y tu cerebro tiene mucho trabajo para procesar todo eso, incluso cuando más o menos ignoras todo lo que está sucediendo a tu alrededor.

Aquí es donde se aplica la meditación Yoni Mudra. Usando tus manos, bloqueas varios de tus sentidos.

Coloque ambas manos frente a ti con las palmas hacia arriba, los dedos unos frente an otros y los pulgares hacia arriba. Pon tus manos sobre tu rostro ahora. Los pulgares deben usarse para cubrir los oídos. Utiliza tus dedos índices para cerrar tus ojos. Los dedos medios deben cubrirse las narinas. Para cerrar tus labios, usa tus últimos dos dedos.

Mueve tus dedos mientras inhalas y exhalas para permitir que la respiración salga libremente por tus labios y narinas.

Después de reducir la cantidad de información, puede usar alguna forma de meditación de concentración (como respirar o meditar conceptual).

4. Meditación sobre la respiración fundamental.

Otro tipo de meditación muy popular es la meditación de respiración. Además, es muy poderosa porque la respiración es un componente muy poderoso de la meditación. Por lo tanto, hablaremos del poder de la respiración más adelante en este libro, sin importar qué tipo de meditación estés practicando.

En este momento, abordaremos una simple meditación de respiración. Esta es una forma de meditación que se enfoca en la respiración y la concentración.

Comienza tomándote un tiempo para ti mismo, ponte ropa cómoda y busca un lugar donde no haya interrupciones.

Algunos expertos dicen que comenzar con un canto, como "todos merecen amor y verdadera felicidad", puede ayudar a limpiar tu mente. Realiza esto por uno o dos minutos.

CONSEJO: No se trata de un mantra o una meditación conceptual, por lo que no debes seguir cantando. Sin embargo, ayuda a desarrollar una actitud y una mentalidad adecuadas antes de comenzar oficialmente tu meditación de respiración. Los otros "pensamientos del día" pueden fluir constantemente en tu mente durante esos primeros minutos, por lo que puedes usar ese tiempo para identificarlos y luego eliminar los pensamientos que te distraen.

Comienza ahora con la verdadera meditación respiratoria. Deliberadamente inspira y exhala, quizás más lentamente y más profundamente que lo habitual. Sin embargo, no la presiones ni tomes un aliento que no sea agradable para ti.

Considere que está inhalando el aire más puro del planeta. Si supieras que solo podrías respirar este aire puro y limpio durante quince minutos antes de ser llevado an un calabozo mal ventilado, ¿cómo podrías inhalarlo? ¿No disfrutarías cada momento de descanso? Durante la meditación de respiración, debes respirar de esta manera, como si cada respiración fuera la última de aire puro y limpio.

Observa tu respiración mientras inhalas y exhalas. Elige un tema para concentrarte, como la sensación que experimentas cuando tus pulmones se llenan y luego se desinflan. Puede optar por concentrarse en el punto de entrada y salida mientras sientes el movimiento de tu aliento a través de tus narinas y labios. Elige el punto donde te sientas más cómodo.

Si tu mente divaga (lo hará), vuelve a concentrarte en tu respiración con cuidado. Imagina a ti mismo como un manso perro collie que cuida con paciencia a sus ovejas. Siempre hay una oveja que vaga y se aleja, de la misma manera que tus pensamientos vagan y se alejan de tu enfoque, pero siempre puedes volver a concentrarte y recuperar tu respiración.

5. Meditación sobre el fallecimiento.

Esta es una forma de concentración en la meditación. En pocas palabras, es un tipo de meditación conceptual. Y es posible que algunos la vean como una forma de meditación aterradora, pero eso es lo de menos.

Has escuchado que solo dos cosas en la vida son inevitables: la muerte y los impuestos. No he escuchado a nadie mencionar que practica la meditación fiscal (¡la meditación no será útil si te duermes!), pero hay seguidores de la meditación de la muerte.

Debido a que es inevitable y un proceso natural, muchas personas eligen experimentar la muerte mientras están conscientes. Es enfrentarse a la muerte antes de que realmente mueras. Es una forma de establecer una conexión con tu verdadero yo (tu alma), que es la raíz de tu existencia.

No tienes nada después de morir, por eso. No puedes llevar tu cuerpo. No puede transportar su iPhone, Wii o vehículo. No puedes traer a tus seres queridos, tu diploma de universidad o este libro contigo. Todas tus posesiones son tu verdadera esencia. Por lo tanto, meditar sobre la muerte es una forma de conectarse con su verdadera esencia.

Necesita tomar un tiempo para meditar solo, como lo hacen otros tipos de meditación. Pon ropa cómoda y siéntate o acuéstate cómodamente. Para realizar la meditación de la muerte, es recomendable acostarse, ya que será más natural que realizarla sentado.

Puede comenzar con una meditación básica, como la meditación de respiración, para relajarse. Deja que las preocupaciones del día desaparezcan para que puedas concentrarte en tu primer descanso...y luego en la idea de la muerte. Para ayudarte con la relajación inicial, puedes usar la meditación de escaneo de cuerpo, que se detalla un poco más adelante en este libro, si lo prefieres.

Una vez que estés completamente relajado, puedes comenzar a meditar sobre la muerte. Quizás ya estás pensando en tu muerte. No solo debes ignorar la idea de morir ahora. No solo debes tener en tu mente la imagen de ti, muerto, por un momento. En cambio, te sumerges por completo en la experiencia e imaginas cada paso del proceso de la muerte. Y puedes imaginarlo en todo su detalle...

Imagina que la energía (la fuerza vital) se aleja gradualmente de cada parte de tu cuerpo. El corazón se desacelera. Tu cuerpo ya no está lleno de sangre. Cada pequeña parte del cuerpo, cada célula, se está apagando lentamente. Y tus órganos se enlentecen y detienen. A medida que tus músculos se enlentecen y mueren, pierdes la capacidad de moverte. Tu respiración se detiene gradualmente.

Imagina cómo se sentiría cada parte de tu cuerpo si tuvieras que morir. En este momento, concentra toda tu atención en tu conciencia. Tu cuerpo, tu yo físico, ha fallecido por razones prácticas. Esto indica que sus sentimientos y pensamientos ya no son relevantes. Considere esa verdad. Considere que tus sueños, esperanzas, deseos y otros pensamientos ya no tienen importancia.

Te has extinguido. Ya no tienes tu yo físico (considera que estás en cenizas). No hay nada más que tu yo espiritual, tu esencia. Y durante los próximos 15 o 20 minutos, debes meditar sobre esta esencia. Este es tu verdadero yo, la parte que sigue existiendo después de la muerte.

Cuando termines esta meditación sobre tu esencia, no te levantes de repente como si tu pantalones estuvieras ardiendo. En lugar de eso, debes dejar de meditar gradualmente. Imaginar el proceso inverso con todos los detalles es una forma de hacer esto. Imagina que la fuerza de la vida vuelve an entrar en tu cuerpo. Imagina que cada órgano, músculo, tejido, vena y célula renace. Tu respiración comienza de nuevo. Tus pensamientos y emociones regresan para que te completen. Luego puede concentrarse gradualmente en el "aquí y ahora" y terminar su meditación.

Responsabilidad Pública

Hace muchos años, cuando aún era un niño y no era considerado por los políticos peruanos como parte de sus miserables intereses egoístas, o sea, como votante, me encontraba en un salón de clases estudiando administración bancaria, puesto que abandoné por falta de dinero y porque nunca en mi vida iba an administrar un banco, ya que esos puestos son para personas que no están -ya sabes, como diría el perro que se volvió cantantePor lo tanto, cada individuo puede ofrecer su mejor esfuerzo. que me llevó a pensar que el mundo sería mejor si las personas asumieran esa responsabilidad social por sí mismas, lo que me llevó a pensar que había encontrado la solución a todos los problemas mundiales en ese momento. Con el tiempo, decidí rechazar esa idea, ya que en varias discusiones, un participante me indicó que era una idea incorrecta y que no tendría éxito debido a que la sociedad no la aceptaba. Luego, con el pasar del tiempo, ya siendo mayor de edad, empecé a descubrir a algunos personajes como Marañón, Ortega, Unamuno, Pérez De Ayala, entre otros que desde su vida se sentían seriamente comprometidos con su sociedad, llegando de este modo a Sartre, que dice que "el hombre es poseedor de una naturaleza humana; esta naturaleza humana, que es el concepto humano, se encuentra en todos los hombres, lo que significa que cada hombre es un ejemplo particular de un concepto universal, el hombre", y esto se complementaría con los pensamientos de Ortega que dice que "yo soy yo y mi circunstancia y si no la salvo a ella, no me salvo yo", así como también con Marañón que dice que "la bondad prevalece a la inteligencia", así también Unamuno dice que "cada hombre vale más que la humanidad entera, [pero] ni sirve sacrificar cada uno a todos, sino en cuanto todos se sacrifiquen a cada uno", tan igual como más o menos lo diría Pérez De Ayala: "un profesional, aunque alcance a ser el primero de su profesión, si no es más que un profesional, es bien poca cosa. ¿Será necesario mencionar lo que define al hombre en primer lugar?es la nobleza. Quizás un hombre, por su gran conocimiento, sea beneficioso para los demás como una máquina, pero no siempre. El hombre se identifica como hermano de otros hombres y, por lo tanto, se siente amado fraternalmente por ellos. En un ensayo de debate, una adolescente defendió su postura a favor de las redes sociales utilizando una cita de Aristóteles: "El hombre es un ser social por naturaleza", lo que significa que todos los hombres tienen una responsabilidad social para sí mismos y para los demás. Aunque por ahí hay más de uno que dice que el hombre es un ser egoísta por naturaleza, y no niego que esto es lo que suele demostrar la normalidad de la vida en la cual nos encontramos, pero esto sucede porque lastimosamente vivimos en una sociedad donde el sistema de vida del hombre está desarrollado de tal modo que el hombre aún no aprende a ser hombre, simplemente anda viviendo desde su primera naturaleza, la animal, es decir, no alcanza a desarrollarse como hombre, como ser racional; y por ello podemos contemplar que el hombre vive como una manada de gente, como masa, dejándose llevar por la vida, por el sistema de vida, actuando de tal forma que sus actos se preocupan de su satisfacción personal y familiar sin esa preocupación social, y esta es una fiel muestra de que la responsabilidad social no se da en todos los hombres sino en unos cuantos, en aquellas personas que han logrado evolucionar de su ser animal al racional, porque lastimosamente el hombre aún no aprende a ser hombre.

Ojalá pudiéramos evolucionar como personas, dejando de ser masa, gente, montón, para poder unificarnos todos en el bien de la humanidad, para que todos desde nuestras capacidades humanas desarrolladas, según nuestros gustos personales, podamos conservar la naturaleza, preservar la humanidad, respetando la dignidad humana, y de ser así cuánta belleza pudiéramos contemplar en el mundo, cuánta grandeza humana podríamos hallar en nuestras sociedades, cuántas cosas se podrían lograr como seres razonables; pero no, esto no se puede lograr, porque lastimosamente el hombre todavía tiene mucho por crecer y mejorar, así como demasiadas cadenas por romper, para poder liberarse de esa esclavitud animal, en la cual hoy se encuentra sobreviviendo, y gracias an esta supervivencia el hombre solo puede pensar en su propio beneficio y como mucho en los suyos, más allá de ellos el mundo no existe, porque está ahí como un adorno, como una herramienta de beneficio propio, como una masa que debería desaparecer en la extinción, porque no hacen otra cosa más que dar pena. En cambio, una persona que ha aprendido a desarrollar su humanidad, su capacidad de razonar, está pensando en que ese hombre desvalido, herido, inválido, mutilado por las desventajas sociales que existen en nuestra sociedad, es alguien igual a nosotros, que tiene la misma dignidad humana, aquella que nos invita a ser imagen y semejanza de la otra persona, no de un dios, sino del otro ser, porque ese ser puede ser uno o cualquier otro familiar, porque por más que no comparta nuestra sangre, comparte nuestra humanidad; y tener responsabilidad social con ellos es buscar que ellos también puedan tener atendidas sus necesidades básicas, mejorando su calidad de vida, día a día, sin necesidad de caer ni convertirlos en víctimas de la caridad, esa que no ha ayudado a que la sociedad mejore, esa que ha contribuido a que la sociedad siga marchando como ha marchado en toda la historia humana, a pesar de que hoy existen los derechos humanos que son universales y que a través de las constituciones buscan promover la dignidad del hombre, porque todos somos iguales en esencia humana.

Para cumplir con esta responsabilidad social, no es necesario gritar en las calles la deshumanización en la que vivimos, sino simplemente actuar como ejemplo para que los demás vean nuestra evolución y se produzca una propagación social, tanto del uno al otro como del otro an uno. Debemos estar bien organizados para proteger a todos en las áreas donde se llevan a cabo los cambios sociales significativos. Sin embargo, mientras esto ocurre, es importante mantener la calma Esta consecuencia se puede lograr respetando y valorando a cada individuo por su dignidad humana y capacidades humanas, ya que aunque todos somos iguales en dignidad humana y capacidades humanas, todos somos diferentes. Por ejemplo, Carlos es muy diferente a Pamela, Catalina es muy diferente a Fabiana, Fabiana es similar pero no igual a Julián. Por lo tanto, todos somos diferentes en dignidad humana y capacidades humanas, ya que uno

Meditación En La Práctica

Los componentes necesarios

Por lo tanto, desea meditar. Ahora que tienes un poco de experiencia en meditación, crees que puedes sentarte y sumergirte por completo en la meditación, ¿no es así? Es difícil. Sin embargo, se puede dividir el proceso para que cualquiera lo aprenda por completo. Antes de comenzar a meditar, debe tener en cuenta varias cosas importantes. Si completas estas tareas, te encontrarás en una posición más favorable para meditar en el nivel más alto posible de conciencia.

Hay cuatro aspectos importantes a tener en cuenta. Debe tener la actitud correcta primero. Para eso, necesita una actitud pasiva. Esta actitud permite la experiencia correcta porque elimina los aspectos menores y con frecuencia negativos de la meditación.

Sin embargo, la actitud no es lo único importante. La próxima cosa que necesitas es la ubicación correcta. La mejor ubicación para meditar es un lugar tranquilo y relajante. Haz todo lo que sea necesario para configurar la configuración correcta.

Luego necesita la postura adecuada. Tu cuerpo debe estar en el lugar correcto para que te sientas cómodo y relajado al nivel que requiere la meditación. La meditación es más fácil de lograr cuando entras en esta etapa.

Por último, pero no menos importante, necesitas algo para meditar. Hay importancia en lo que esto es, como ya hemos mencionado, ya que debe ser algo relajante y que te permita permanecer quieto y en silencio mientras meditas sobre ese elemento.

Ahora abordaremos cada uno de estos aspectos en detalles. Cada uno es un componente crucial del proceso de meditación.

Ambiente

Primero, debemos ayudarlo a ubicarse correctamente para meditar.

Necesita un lugar tranquilo y tranquilo, como es de esperar. Estar en el lugar adecuado para meditar tendrá un impacto significativo.

Las mejores ubicaciones son aquellas que permitirán a su mente y músculos relajarse. Asegúrese de que la ubicación que elija ofrezca ya que esto generalmente se realiza sentado o acostado.

La ubicación debe ser tranquila. Esto es fundamental para poder eliminar estas cosas de su mente. Las personas que están comenzando a aprender meditación necesitan lo menos posible de distracciones. Después de perfeccionar sus habilidades, podrán meditar en lugares más concurridos, incluso en lugares públicos donde la distracción y el ruido son incontrolables.

Primero, sin embargo, ¡busca silencio!

La posición adecuada

Estar en la posición correcta para meditar es igual de importante que estar en la ubicación correcta. En realidad, lo que estamos buscando aquí es la postura ideal para tu cuerpo que te permita meditar de manera más efectiva.

La postura de tu cuerpo influye en gran medida en el tipo de experiencia que tienes. Muchas formas de medicina alternativa y bienestar lo creen. Para lograr los objetivos deseados, el yoga utiliza una variedad de posturas.

Aquí hay posturas útiles si practica Kum Ney, un tipo de oración islámica. La postura del cuerpo en las ceremonias religiosas budistas es muy importante para la experiencia de una persona en la oración que dirige.

Mantener la espalda recta es una de las cosas más importantes para mantener su postura. Aunque no hay pruebas médicamente hablando, se cree que cuando la columna vertebral está correctamente alineada y recta, mejora el estado mental.

No insista en esto si tiene un problema con su espina dorsal y se siente incómodo. La mayoría de las personas experimentarán cierta incomodidad al usar este tipo de enderezamiento de la espalda por primera vez. Para la mayoría, esto desaparecerá cuando te acostumbres. No te obligas a hacer esto si sientes dolor.

Puede sentir la tentación de meditar mientras está acostado. Aunque esta posición es efectiva, con frecuencia hace que las personas que comienzan a meditar se duerman. Por lo tanto, si no sabes cómo evitar dormir, intenta dormir en posición sentada.

Semi-Loto

Otra opción es una postura semi-equilibrada. No estás acostado ni sentado en una postura semi-equilibrada. A un punto, estás reclinado. Aquellos que no pueden sentarse bien lo hacen con frecuencia. Se puede hacer en tu sofá para que te sientas más cómodo. Garantía de que su cabeza sea adecuada para esta posición. Sin embargo, no debes ponerte en una posición que te impida dormir.

Pose elevada

La postura de equilibrio es la más popular y beneficiosa. La postura equilibrada es aquella en la que la columna vertebral y la espalda están rectas y derechas, pero no rígidas. Es crucial comprender la justificación detrás de esta ventaja.

Tu cuerpo está alerta cuando estás en una postura equilibrada. Su estado mental es consciente, equilibrado y preparado para la atención. Mantener la espalda recta ayuda a mantener la mente alerta.

La posición de Loto

La postura del loto es otra opción. Esta es la postura más popular y apreciada en las formas de meditación orientales. Te sentarás con las piernas cruzadas y la espalda y la columna vertebral en una línea vertical en esta posición. Con los pies en los muslos, cruzas las piernas.

El problema con la postura loto es que puede ser dolorosa para las personas que no son flexibles. Después de algunos intentos, se puede aprender algo e incluso dominarlo.

Hay otras posturas que también se pueden usar. Mira cualquier guía de meditación para aprender una postura que te permita sentarte en una posición específica.

Pasividad en tu comportamiento

La siguiente parte importante de la meditación es tu actitud. Muchas veces, la actitud de una conciencia equilibrada es requerida y discutida. Es posible que tu actitud sea el factor más crucial en todo este proceso. Porque eso es lo que eres, se llama conciencia equilibrada. Estás tranquilo pero alerta, lo que crea un equilibrio ideal entre los dos.

Cuando ingresas an este tipo de conciencia, notas lo que está sucediendo a tu alrededor pero no te concentras en eso. Estás consciente de estas cosas por casualidad, pero no te preocupan.

Cuando nuevos pensamientos entran en tu mente, debes dejarlos pasar sin preocuparte demasiado por ellos. Querrás dejar que tu mente advierta lo que está sucediendo a tu alrededor mientras miras tu objeto de meditación.

Pero cuando tu mente se distrae y comienzas an agregar más pensamientos sobre la original, desarrollando un interés en ellos, regresa an ese tema de meditación y vuelve an abordar tus métodos de meditación.

Cuando aprendes a mantener tu mente enfocada y relajada, puedes darse cuenta de que tu mente ha ido en otra dirección y llevarla de vuelta a donde queremos que esté para la meditación.

Al principio, tendrás que luchar para mantenerte en la conciencia equilibrada. Sin embargo, con el tiempo, podrás mantenerte concentrado mientras meditas. No necesitas luchar tanto.

Una actitud pasiva es cuando su mente puede notar que pasan otros pensamientos, pero permanece relajada y no se concentra en ellos. Podrás notar pero no reaccionar a las distracciones que se te presenten cuando puedas hacer esto, lo que facilitará que tu cuerpo y tu mente entren en meditación.

El tema de tu meditación

Hay una pieza adicional en el rompecabezas para entrar en la meditación: practicar por ti mismo. Debe tener un objeto de meditación que pueda usar para enfocar y dirigir su atención.

Un mantra es el objeto que usas, que en realidad es una palabra específica o incluso una sílaba.

A veces, te concentrarás en tus movimientos respiratorios como objeto de meditación, como en la meditación budista. Si decides iniciar tu meditación mediante la respiración, hazlo correctamente. En lugar de depender del aire inhalado, debes hacer que tu método de meditación use la subida y caída de tu abdomen.

Además, asegúrese de utilizar la respiración del diafragma en lugar del estómago. La postura adecuada y la práctica de su uso ayudarán an esto. En un estado de meditación, el ritmo de tu respiración y el movimiento de tu cuerpo ayudarán a lograr una relajación profunda.

Siempre que proporcionen relajación, cualquiera de estos, mantra o respiración, puede usarse como su objeto de meditación.

La sala en la que se encuentra tiene muchas otras cosas que puedes usar. Si decides hacer esto, asegúrate de que el objeto que elijas te ayude a relajarte. Algunas personas prefieren cerrar los ojos para relajarse y meditar. Esto depende de ti y de cómo meditas.

Muy cuidadosamente elija un método para inspirar la meditación. Aunque algunos terapeutas de meditación te dirán que debes usar un conjunto de sonidos específicos para tu mantra de acuerdo con tu sistema nervioso, no hay mucho beneficio. Puedes usar cualquier palabra neutral para mantenerte concentrado. No debería ser algo que se le ocurra fácilmente.

Tampoco es necesario que sea una palabra. Puede ser un solo sonido o una colección de sonidos.

Recuerda que tu mente necesita entrar en una fase en la que ningún pensamiento, o muy pocos y ningún pensamiento importante, lo atraviesa. Solo cuando esto ocurre, es posible alcanzar los niveles más profundos de pensamiento y conciencia.

Se necesita una pieza más del rompecabezas para meditar. Debe tener un objeto de meditación que pueda usar para enfocar y dirigir su atención.

Su modelo

Puede comenzar a crear un patrón para sí mismo una vez que haya aprendido cada uno de estos cuatro aspectos cruciales del proceso de meditación.

La mayoría de las veces, encontrar el proceso que realmente funciona mejor para ti requiere algo de práctica. El objetivo es evitar que te olvides de lo que buscas. desea un estado mental libre de otros pensamientos y desea relajar su mente y cuerpo.

Esto puede no ser lo mismo para ti que para otros que meditan. Recomendamos comenzar con las técnicas que se enumeran aquí y practicar con ellas hasta que puedas lograrlo. Posteriormente, si encuentra que algo, como su postura o su objeto de meditación, funciona mejor para usted, puede cambiarlo para que coincida con los beneficios que ha encontrado.

La meditación, por otro lado, suele implicar prueba y error. No piense que un solo mantra funcionará. También puede haber experiencias incorrectas si no aprendes completamente cómo hacer algo. Por ejemplo, no puede saber que la respiración no funciona para usted si no la hace correctamente. Intentaremos luego meditar.

La Apertura De La Conciencia

Aunque creemos que la conciencia es estable, en realidad es un estado mental en constante cambio. La flexibilidad de los estados mentales nos permite pasar de una cosa an otra con facilidad. La meditación es un método simple y sencillo para cambiar la mente. Ese poder se puede utilizar para tener un impacto positivo en nuestras vidas.

Desde el principio, los humanos se han provocado a sí mismos para conectarse con la naturaleza, los dioses o los espíritus. En la actualidad, la televisión, Internet y los juegos electrónicos nos permiten alterar nuestra mente. Gracias a la tecnología, podemos experimentar una realidad virtual que es muy similar a la vida real. Nuestro estado mental puede verse afectado por una variedad de factores, incluidos el alcohol, las drogas, el café, el chocolate, algunas plantas derivadas del opio, la aromaterapia, algunos medicamentos e incluso los cambios climáticos o de estación. Podemos hacerlo de manera voluntaria o no.

La práctica de la meditación puede alterar nuestro estado de conciencia para calmar la mente y el cuerpo; es bastante común entrar en un estado de conciencia alterado causado por la visualización durante una meditación o ejercicio específico. Dependiendo del objetivo de la meditación, podemos provocar un estado de ánimo particular como resultado de una serie de pensamientos o imágenes en nuestra mente.

Muchas formas de meditación tienen como objetivo cambiar tu conciencia de una manera específica. Al principio, parece imposible. Tu mente cambiará, pero será posible. Sin embargo, te distraes con una gran cantidad de pensamientos que amenazan con oscurecer tu visión y desviar tu atención de la paz que buscas. Hay momentos en los que no puedes encontrar la tranquilidad que buscas. Definir lo que llamamos un estado alterado o de conciencia podría ser útil. Puede que la definición sea demasiado extensa, pero podemos adaptarla a nuestras circunstancias específicas.

La meditación es una forma de lograr un estado mental más tranquilo y sereno, como todos sabemos. El problema puede ser que no entendemos del todo lo que se necesita para llegar an ese estado. Debido a que no son tranquilos o pacíficos, podemos haber etiquetado otros estados de conciencia como alterados. En ocasiones, podemos experimentar estados alterados sin saberlo. Un estado de conciencia alterado es cualquier cosa menos lo que sentimos, pensamos o esperamos en ese momento. Muchas drogas pueden causar un estado de conciencia alterado. El café, el alcohol, los cigarrillos y el chocolate pueden alterar nuestra conciencia. El uso de ropa caliente, aire fresco, tomar un baño o perfume pueden causar estados alterados de conciencia. Si todo conduce an ello, alcanzar un estado alterado de conciencia no debería ser un desafío. Mantenga la mente abierta a todas las posibilidades.

Ahora que sabemos que cualquier cosa sutil nos puede llevar an un estado de conciencia específico, nos damos cuenta de lo fácil que puede ser cambiar de uno an otro estado de conciencia. La pregunta principal ahora es: ¿cómo puedo relajarme y sentirme más tranquilo? ¿Cómo puedo identificar estos estados alterados para sentirme mejor, reducir mi presión arterial y tener más paciencia conmigo y con los demás? Ya hemos visto cómo la meditación controla la atención y la concentración. Es crucial que primero seas amable contigo mismo y comience a caminar hacia ese objetivo.

Ya puedes sentarte y meditar an esta altura. Empezarás a notar los pensamientos y emociones que te acosan al sentarte. Te ayudará a reconocer los estados mentales comunes que experimentas en el día a día. Debido a que los pensamientos que tienes cuando meditas son similares a los que tienes todos los días, En lugar de meditar, es más fácil hacer una lista de las tareas u obligaciones de tu vida diaria. Es más probable que pienses en cosas, sentimientos o recuerdos sobre cosas que ocurrieron ayer, la semana pasada o hace veinte años. Tus padres, hijos, pareja o amigos pueden venir a la mente. Pueden surgir problemas de trabajo de repente. Hay muchas formas de abordar tu problema. Si eso ocurre mientras meditas, puedes sentirte orgulloso de ti mismo. Bienvenidos an un mundo en el que es factible experimentar estados de conciencia alterados. La meditación no está destinada an ayudarlo a liberarse de esos pensamientos. Para poder trabajar, comer y disfrutar de la vida, necesitas muchos pensamientos. Querrás que esos pensamientos permanezcan presentes cuando los requieras. La meditación consiste en relajar tu mente y permitirte controlar cuándo vienen ciertos pensamientos. Permita que fluya sin que te afecte, permita que fluya sin ansiedad ni preocupación. Quizá deberíamos intentar alcanzar un estado de ánimo sin notar la presión o el estrés que nos mueve cuando estamos en nuestra vigilia normal. Es como navegar por el mar sin mojarte, simplemente flotando. Esta podría ser una meditación aceptable, y como tal, un estado de consciencia neutro y objetivo, sin sentir el desgaste cognitivo de la rapidez del día a día, simplemente sentir calma durante la tormenta.

La práctica cambia significativamente la forma en que los pensamientos te atacan mientras meditas; aprendes a controlarlos y gestionarlos de manera más efectiva y eficiente, reduciendo su impacto en los estados de ánimo. Esta práctica es muy útil para aprender a controlar esos pensamientos fugaces mientras no medita. Por decirlo de alguna manera, la meditación es como un campo de práctica donde aprendemos a manejar nuestras emociones para poder gestionarlas mejor en la vida real. Para tener pensamientos positivos, emociones constructivas y sentimientos saludables, debes cambiar tu forma de pensar y sentir. Esto ayuda a prevenir pensamientos negativos que pueden obstaculizar su progreso. Todos tenemos pensamientos negativos, pero se pueden hacer menos y durar menos. Por lo tanto, experimenta satisfacción en tu vida y goza de la felicidad; mediante la meditación, puedes ejercer el control sobre tu mundo interno que antes te llevaba a la deriva, y ahora, las meditaciones son el medio por el cual puedes mejorar y ser más feliz, conociéndote mejor a ti mismo.

¿Puede Controlar Su Pensamiento?

La meditación se centra en la mente y el pensamiento. ¿Cómo manejar el pensamiento? Cuando empiezan a aprender los fundamentos de la meditación, muchas personas se hacen esta pregunta. Eso tiene muchas divisiones y muchas respuestas. Existe una variedad de puntos de vista sobre el budismo en su versión occidental. Muchos seguidores del budismo tibetano enseñan a desarrollar el pensamiento positivo.

El lama Yeshe, fundador de la FPMT y supuestamente reencarnado en un niño español de las Alpujarras, ha sido uno de los lamas que más ha impartido enseñanzas sobre meditación en occidente. En uno de sus libros, afirma que al observar su mente, no debe racionalizar ni ejercer fuerza. Cuando surgen problemas, permanezca tranquilo y no se desanime. Simplemente sé consciente de ellos y mira de dónde vienen; descubre su origen. Identifica el problema y luego analice el resultado.

Esa escuela del budismo tibetano sostiene que la meditación es principalmente el análisis de los problemas. Pero, ¿cómo se debe realizar una tarea de este tipo? Se cuestiona uno. En ese mismo libro se pregunta: ¿Cómo debes examinar tu mente? Observa como percibe o interpreta cualquier objeto con el que se encuentra. Observa las sensaciones que se producen, ya sean agradables o desagradables. Después investiga: "Cuando experimento este tipo de visión, surge una sensación, una emoción; estoy discriminando de esta manera, ¿por qué?" De esta manera se examina la mente; no se requiere otra acción. Es muy simple.

La disolución de todos los problemas es el objetivo de esta clase de meditación. En esas enseñanzas no se especifica la postura en la que uno medita, por lo que no parece dársele una gran importancia. Por otro lado, lo que se hace con la mente es muy importante.

La mente es como un espejo que refleja todo sin ningún tipo de distinción. Puede controlar el tipo de reflejo que permite aparecer en el espejo de su mente si tiene sabiduría analítica.

Por lo tanto, uno debe controlar lo que se refleja en su mente mientras medita. Si aparece un pensamiento negativo, debe borrarse o controlarse para que no haga daño. Si hay un resultado positivo, se debe recibirlo con alegría. Podemos desarrollar todas las cualidades y pensamientos positivos, que son los que nos dan felicidad, mientras eliminamos los defectos y pensamientos negativos, que son los que nos causan sufrimiento, si somos capaces de vivir en constante vigilancia. La sabiduría analítica debe identificar los reflejos beneficiosos de los que causan problemas psicológicos.

En general, en los centros de budismo tibetano se enseña a meditar de esta manera. De algún modo, debemos controlar los pensamientos que produce la mente. Los pensamientos negativos deben ser controlados. En ocasiones, experimentamos pensamientos de odio en nuestra mente, quizás en contra de alguien específico, pero con más frecuencia en contra de un ente abstracto, como un partido político, un gobierno o incluso un país en su conjunto. ¿Qué debemos hacer entonces? Identificarlo primero y evitar que prospere. Para lograrlo, es necesario considerar las ventajas de esa persona, partido o gobierno, etc. Debemos tratar an esa persona como si fuera un ser querido en otra vida, como una madre, un padre o un hermano. El partido, el gobierno o la nación que odiamos están compuestos por personas que también me han sido muy queridas. No podemos odiar an aquellos que nos han ayudado en otras vidas, incluso sacrificando su vida por nosotros. Si se lleva a cabo de esa manera, se cree que se elimina el odio.

Cuando aparecen pensamientos de apego, como sentimientos de atracción sexual por alguien del sexo opuesto, el contraataque debía venir por el lado de considerar los aspectos negativos de esa persona. Desmontar, por así decir, los puntos de mayor apego, ver cómo esa persona está hecha de componentes desagradables, cómo sus caderas voluptuosas son solo fibras musculares y grasas, etc. De esta manera, la mente se libera del vínculo y el pensamiento se aleja.

No se hablaba mucho sobre la postura para meditar de esa manera. En la mayoría de los casos, los tibetanos se sientan con las piernas cruzadas, pero no en la postura de loto o medio loto. Durante mi viaje a Ladak en 1984, entré en un templo donde un gran número de personas del lugar estaban reunidas para escuchar la recitación de un texto muy antiguo llamado Kang Gyur, que un lama recitaba en alta voz. Se trataba de una recitación similar a los mantras o an una letanía, sin matices ni puntos de inflexión, como si el significado no fuera significativo.

Los tibetanos que se encontraban allí, hombres y mujeres de diversas edades, se sentaban directamente en el suelo como les indicaba dios, sin adoptar una postura de meditación específica. Reían y hacían travesuras como si fueran niños. Podía observar desde un rincón, donde me acurruqué como pude, tratando de pasar desapercibido, que la audiencia no mostraba interés en las palabras que oía. En voz baja, se reían unos con otros. Uno de los presentes sacó un pequeño frasco de plástico de colonia económica y lo apretó con ambas manos, esparciendo un vapor de perfume en el rostro de una mujer que estaba sentada cerca de mí, lo que provocó que la mujer explotara en risas.

Desde que estuve allí, esa escena se ha quedado grabada en mi mente. Entre paréntesis, mencionaré que en aquel entonces la presencia de occidentales dentro de los templos no era tan común como en la actualidad, ya que Ladak estaba cerrada a los occidentales hasta hace pocos años. Para llegar allí, se requería un viaje de tres días en autobús por una carretera terrible. La capital todavía carecía de un aeropuerto y solo se podía acceder en los meses de verano. En aquel momento, la gente ladakí parecía ser simple y feliz, ya que no estaba muy contaminada. Los ladakíes, vestidos con ropas harapientas y sentados en el suelo mientras el lama recitaba la interminable letanía del antiguo texto (que parecía ser como la

Biblia de largo), parecían dejar pasar los pensamientos sin problemas y no parecían preocuparse por controlarlos. No creo que ninguno de ellos se haya dedicado a la difícil tarea de identificar los pensamientos negativos de ignorancia, odio y apego para aplicar el remedio adecuado.

En breve, creo que el budismo "tibetano" no es tibetano. Es un invento occidental, tal y como se enseña en occidente. O al menos una creación occidental, en la que han participado algunos lamas tibetanos que se están volviendo cada vez más occidentalizados. Las enseñanzas sobre el control del pensamiento para evitar el karma negativo son completamente inútiles, pero todavía se enseñan en el centro budista de tu ciudad. Se les sigue enseñando a los visitantes, como si fuera la solución universal para acabar con el sufrimiento.

Como muchos de los que aparecimos por el budismo tibetano en ese momento, estuve practicándolo durante varios años. Un budista occidental, un monje español que conocía desde la Universidad, después de enseñar an otros ese método durante muchos años, un día se derrumbó por completo y entró en depresión. Su fe se desplomó y los hábitos se colgaron.

Me ha estado enseñando durante años un método que no funciona para atajar el sufrimiento. Lo peor es que, a pesar de saber que no funcionaba, lo seguía enseñando. Y peor aún, lo enseñaba diciendo que funcionaba, cuando sabía que no podía.

Con ojos cansados, me miró.

"Ha llegado un momento en el que no puedo más".

Quizás ese día, mi amigo observó la iluminación, pero no se dio cuenta, y lo sigue haciendo. Sin embargo, no hay nada malo en no ser consciente. En cambio, los niños no son conscientes, ni los ladakíes presentes en ese templo lo son. Es estar en el paraíso sin darse cuenta. Si comprendes, eres expulsado, al igual que Adán y Eva fueron expulsados cuando comieron del árbol del conocimiento. No se trata de tener conocimientos. En realidad, se trata de no tener conocimiento.

"Los otros saben mucho y dudan de mucho, pero el buen discípulo sigue decidido".

¿Cuál Es El Significado De La Consciencia Plena?

Sin haberla deletreado para usted, he hablado sobre lo que es la consciencia plena. Las consciencia plena significa estar atento a cada momento. Vamos a través de nuestras vidas y a menudo nos olvidamos de ellas. Nos encontramos en otro lugar. Aunque estamos en camino al trabajo, deberíamos considerar lo que los niños dijeron cuando fueron a la escuela. Puede que estemos completando nuestra primera tarea en el trabajo, pero estamos pensando en cuánto nos gustaría volver a la cama. Cuando te adentras en una sesión de consciencia plena, el pensamiento retrospectivo y los pensamientos acerca del futuro están excluidos. Ya sea que esa sesión dure diez o incluso cinco minutos, agrega valor a tu vida porque estás de hecho viviéndola. Se le preguntó al Dalai Lama una vez qué le sorprendía de la humanidad.

El ser humano. porque sacrifica su bienestar físico para obtener ganancias. Luego deja de lado el dinero que necesita para recuperar su salud. Y luego está tan preocupado por el futuro que no disfruta el presente; como resultado, no vive en el presente o en el futuro; vive como si nunca fuera a morir, y luego muere habiendo nunca realmente vivido.

Si lo consideras literalmente, significa que solo puedes ser consciente de unos pocos segundos de que esto realmente pasa en tu tiempo en cada hora de tu vida. Puede estar presente en tu vida, pero no lo sabes. ¿Cuántas veces has ido an algún lugar y no has tenido memoria del viaje? Todos hacemos esto, pero cuando hacemos un hábito practicar la consciencia plena, te sitúas en el momento y no importa lo que estás haciendo, esto es posible.

Por ejemplo, ¿cuáles son tus primeros pensamientos cuando te levantas de tu cama por la mañana? Trata de pensar para ti mismo que el día está listo para saludarte y pensar en cómo la luz entra en el cuarto a través de los espacios de las persianas o cómo el mundo luce diferente con diferentes tipos de clima. Nunca debes dejar que esto te entristezca; en lugar de preocuparte por el futuro o el pasado, abraza los cambios y retos que se te presentan a través de tu vida en el momento. En mi cuarto, una vez que abrí las persianas, me topé con el arcoíris más asombroso que jamás he visto. Esto me recordó el por qué saludo al día, y en ese día en particular, estaba muy feliz de que estuviese lloviendo porque el sol había encontrado una manera de escapar detrás de las nubes para producir ese arco de color que me saludo con optimismo y esperanza. La mayoría de las veces, vamos a través de nuestras vidas con los ojos cerrados a las cosas que pueden cambiar nuestras vidas porque nuestras mentes están ocupadas con cosas diferentes.

Ejercicio 1 con plena conciencia

Debes levantarte y comenzar a comer tu desayuno. Cuando te levantas de la cama, recuerda que eres feliz y que este es otro día. Se consciente de sus sensaciones corporales. Se prepara para enfrentar el mundo mientras observa los movimientos de sus miembros y respira conscientemente. Observa tu entorno. Está atento a lo que llevas puesto y a lo que vas a ponerte. Disfruta la respiración mientras está en el momento.

El mismo ejercicio se puede utilizar al comer y beber, tomando en los sabores y aromas de su comida y masticándola bien para que esté al tanto de sus texturas y gustos. Puede usarse también para tareas que no tienen mucha importancia y que quizás no disfrute hacer. El hecho es que si se sumerge a sí mismo en el momento y se concentra en qué necesita que se haga, lo hará más fácil y efectivamente sin todos los pensamientos negativos de no querer hacerlo. Complete su próxima tarea en casa. A medida que realiza su tarea, respire y esté atento a su respiración y a los movimientos de su cuerpo. Conozca su estancia y esfuerzo. Use este tiempo para respirar y estar en el momento y aplauda su esfuerzo mientras realiza el trabajo.

Puede haber tareas más difíciles en un entorno laboral. Lo mejor es usar la consciencia plena en este tipo de situación para tratar de encontrar un lugar donde no sea distraído. Mientras realiza las tareas que ha priorizado como importantes, apague el teléfono o envíe un correo electrónico de respuesta al servicio. No deje que la distracción lo aleje de lo que tiene que hacer; viva cada momento actual y presente en lo que está haciendo, estando consciente de la postura de su cuerpo, su respiración, el movimiento de sus miembros y la forma en que su cerebro funciona a través de la tarea de manera ordenada hasta que esté terminada. Si la tarea es demasiado grande, divida la en dos partes manejables y trabaje en ambas a la vez para lograr el mismo objetivo. Teniendo en cuenta el gran bien así como los pensamientos que te vienen a la mente, puedes tomar el control de este momento en tu vida y usarlo mejor.

La consciencia plena no requiere un mayor esfuerzo. Significa simplemente estar donde estás en un momento determinado, ser consciente de tus alrededores, tu cuerpo y tu respiración y aprovechar ese momento de tu vida que de otra manera puedes haber perdido. ¿Cuánto tiempo empleaste deliberadamente en la última hora? Si hubo oportunidades, fueron muy pocas. Toma el control de tus procesos mentales al decirle a tus pensamientos que es el momento equivocado para pensarlos a menos que ellos estén realmente relacionados con este momento. Imagina el pensamiento como un globo y luego haz que estalla. Estar atento es lo que significa tener consciencia plena. Eso es todo, pero si examinas tu entorno y observas lo que las personas te dicen durante un día, descubrirás que no muchas personas están realmente presentes en este momento. Algunos pueden discutir experiencias pasadas. Algunos pueden sentirse preocupados por el futuro. Para que esto se convierta en una norma y no en una excepción, necesitas ejercitar regularmente tu consciencia plena. Por lo tanto, encuentras más valor en tu vida y eres más feliz y saludable.

Recuerda que en el primer capítulo te dije que la meditación de la consciencia plena se originó y describí el objetivo del Buda para la humanidad. Uno de los pasos hacia el alejamiento del sufrimiento era la consciencia plena, que se escribió en el Sendero Óctuple; sin embargo, hay otras cosas que son igualmente importantes para la consciencia plena y que se muestran como parte del Sendero Óctuple. Trata de incorporar a ti mismo en tu vida y en tu forma de pensar, y encontrarás que la meditación y la consciencia plena enriquecen quién eres y cómo te relacionas con el mundo que te rodea.

Ejercicio 2 Realizado en Consciencia Plena

Quiero que escribas la lista de los ítems sendero óctuple para este ejercicio. Solo es una lista pequeña que puede llevar contigo y consultarla todo el día. Si eres consciente de tu vida, es probable que estés dispuesto a hacer las cosas que se enumeran en esa lista, pero debe relacionarse con tu vida. Observa cualquier momento en el que has sido amable con otros, diciendo lo correcto, haciendo lo correcto y siendo consciente de tu vida. Todas estas reglas aumentan tu felicidad, y si hay algo que no te gusta en esa lista, no culpes a ti mismo. Reconocelo y continúa. Serás más consciente de tu vida y comenzarás an asumir la responsabilidad de tu felicidad. No eres tan negativo como solías ser, y cuando las cosas van mal, no culpes an otras personas. Además, aprenderás que los celos son cosas que puedes dejar de lado porque ahora reconoces que estamos separados y que nuestra realidad no siempre coincide con la realidad de otros. Aprende a ser compasivo contigo mismo y con los demás.

Aprenda el camino óctuple de la memoria y trata de seguirlo durante el día. Selecciona las cosas que sabes que destacaron y elogia tu habilidad para comprender cómo tú afectas tu estado de felicidad en lugar de culpar an otros o a factores externos. Todos somos responsables de nuestras emociones. La consciencia plena es tan poderosa porque fomenta la práctica de la meditación, y cuando estos dos elementos están presentes en tu vida, tu vida se vuelve más positiva y feliz.

Aunque se dice que la felicidad es esquiva, siempre ha existido. Es posible que no estuvieras mirando al lugar correcto o no hubieras visto el potencial de felicidad. No importa cuán pequeña sea la tarea que tienes que hacer, la consciencia plena te enseña lo divertido que es este momento. De hecho, limpiar el piso es una de las tareas favoritas de los estudiantes de ashrams en todo el mundo. Esto ayuda a nivelar su ego al mismo tiempo que les demuestra que, no importa cuán pequeña sea la tarea, ser consciente al hacerla les da mucho placer y les permite disfrutar del momento. El poder tomar estas tareas con humildad y simplemente estar en el momento mientras las ejecutas ayuda a silenciar la mente. Te olvidas de estar solitario e infeliz al abrir tus ojos y todos tus sentidos al potencial de tu vida. Incluso en las cosas más pequeñas, puedes encontrar diversión y el factor de estrés es menos evidente. Recuerdo cuando era estudiante y estaba mirando el agua que se escurría de su cubo. Nunca había considerado mirar esto antes, pero al verlo girar en círculos y desaparecer por el desagüe, dijo que era como sentir que su propia negatividad se desvanecía mientras limpiaba el piso. Hacer múltiples tareas era el único hábito que ella siempre había encontrado difícil de deshacerse. Tenía la creencia de que rendía dividendos a las tareas múltiples, pero cuando lo analizamos, ambos descubrimos que no solo el cerebro no puede concentrarse correctamente en dos cosas, sino que ninguna de esas cosas da la misma satisfacción o funciona tan bien como cuando se concentra completamente en una tarea.

Emisor-receptor

La necesidad de comunicación es un estado de ser que siempre se dirige hacia un punto de luz, se transforma en partícula y luego regresa al receptor. De esta manera, recibe inspiración de la revelación y de ella se deriva la iluminación.

Eso es necesario: la luz debe llegar como partícula y regresar a la luz.

La luz ha sostenido la comunicación en el mundo de la materia, un mundo de partículas, hasta el punto de que se colapse y tome toda la densidad del espacio tiempo como polvo, y la partícula de comunicación se desecha. Este es el espacio temporal del polvo.

Soy yo y siempre recibimos la luz. También somos emisores de la luz, vemos cómo se transforma en materia; sin embargo, el receptor ve cómo se transforma su información y lo ve en la materia.

La luz siempre se presenta como partícula para el receptor y el emisor cuando están condicionados al espacio y al tiempo, pero en el presente es luz pura.

La información se filtra a través de la vibración a través de medios, como las cuerdas vocales, y los estados vibracionales son recibidos por otros medios, como los oídos. Se transmite información, pero si lo entiendes, simplemente lo haces, pero no te das cuenta de algo:

La comunicación se convierte en un estado de creación en el que podemos disfrutar de lo que se transmite tanto como receptores como emisores. ¿Y qué son los receptores y los emisores? Depende de cómo te recibas, ya que somos los que extendemos la vida.

En el mundo dual, la belleza, la vida, el gozo, el sentimiento, la compasión y sus atributos de sombra también son extensiones de la creación, partiendo de la necesidad al compartir la Luz.

La creación se expande y es sensible ante receptores vitales cuando un emisor es claro y poderoso porque el emisor-receptor es un tejido necesario para que la creación sea posible.

Todos los emisores son evidentes y poderosos, pero tienen una desventaja al pasar por el filtro del espacio tiempo que proporciona el mundo, que es donde está su fuente de información. Sus emisiones provienen de las mentes de un mundo que también es su receptor.

Al afirmar que el mundo sostiene la realidad como materia en el espacio tiempo, se equivoca al afirmar que no es luz. En realidad, esto significa que la luz es solo una idea fragmentada que el receptor y el transmisor asumen como verdad, ya que el mundo no es la fuente de luz ni realmente contiene información transformadora.

Para que el ser tenga una experiencia directa de ser, debe ser un receptor directo de la perfección del cosmos.

Por lo tanto, no se puede comunicar (vivir) como un canal perfecto sin el espacio que lo requiere, como un espejo perfecto. Recuerda que todo es perfecto y poderoso.

¿Cuál es tu identidad?

Para convertirse en el emisor de "ese mundo", depende de cómo uno se juzgue. Me pregunto a quién quiero comunicar completamente mis pensamientos, sentimientos y sueños.

Otra pregunta surge de inmediato:

¿De dónde vienen mis emociones, mi ser y mi corazón las ganas de compartir y recibir lo que pienso y soy?

Si tú eres el transmisor de la totalidad, ¿cómo puedo yo ser el receptor de ella?

Ya nos dimos cuenta de que la línea de tiempo está demostrando que toda la totalidad está disponible para este momento, un aquí y ahora como mente de luz y transmitirlo como luz del presente puro, para que el tiempo no sea el corruptor de la luz y el polvo su resultado permanente.

Si falta información, la receptividad aumentará, ya que en cada receptor y emisor está surgiendo.

Por eso te digo a ti, mi querido hermano, mi querida hermana: eres el receptor de la emisión del ahora siempre conectado al cosmos de tu ser.

Y compartimos con ella la acogida que existe en todo el universo, que refleja en ti la simple esencia de que estamos presentes.

¿Cómo no amarte por eso?

De allí en adelante, quiero compartir todo contigo en su totalidad.

Por lo tanto, se nos invita a desear reconocer en comunicación la dignidad de ser hermanos en la luz y el hijo de Dios.

Solo el paso que ha faltado es comprender lo perfecto, poderoso, constante y total, ya que al reconocer que uno es el receptor del cosmos, también recibe su emisión hacia ti, que simplemente es hacia ti y hacia todo donde la luz se extiende, ya que viene del cielo y su luz es amor por ser y compartir.

¿Cuánto Meditar?

Esta es una cuestión compleja y difícil de abordar de manera objetiva. Existe una variedad de puntos de vista que se oponen entre sí en este tema, pero a pesar de ello, han demostrado ser igualmente efectivos. No obstante, a pesar de que estas técnicas opuestas conducen al mismo objetivo, algunos caminos pueden ser más complicados que otros.

No se puede ignorar lo que sabemos sobre el funcionamiento del cerebro al abordar este tema, a pesar de las diversas discusiones teóricas y científicas. La premisa fundamental sostiene que el tiempo que percibimos y procesamos es un constructo abstracto subjetivo. Por lo tanto, durante un momento de inseguridad, dolor o indecisión, sentimos que transcurre con lentitud; mientras tanto, cuando estamos disfrutando de una experiencia agradable o alegre, experimentamos su discurrir an una velocidad mucho mayor. Este principio establece que podemos crear y manipular nuestro propio tiempo subjetivo al margen del imperativo establecido por la magnitud física que mide el principio y el fin de todas las cosas a través del entrenamiento. La práctica periódica debe basarse en este argumento. Es en este momento cuando se debe ajustar al espíritu de cada práctica específica, y no al revés.

Además, si el principiante se da cuenta de que debe estar presente de la manera más activa posible durante el tiempo que se prolonga el ejercicio, su progreso en el aprendizaje será mucho mayor. No se trata de dedicar tiempo muerto ni dedicar minutos an una rutina de la que inicialmente se debe escapar, sino de fortalecer la disposición y extender la influencia y la extensión del tiempo interno durante la vida diaria. En los siguientes párrafos, propondré límites para la duración de los ejercicios. Sin embargo, para comenzar, los lectores deben tener en cuenta las ideas que se describen al comienzo de este capítulo. Nunca debe limitarse la duración de los ejercicios. A pesar de las protestas del reloj, la práctica sana, dirigida por nuestra voluntad, se extenderá hasta su límite natural porque el tiempo no existe. El estudiante descubrirá que, al intentar prolongar la meditación para cumplir con el objetivo programado en la agenda, el tiempo se escurre entre los dedos y, por mucho que apriete el puño para tratar de retenerlo, al final la mano quedará vacía.

En resumen, creo que es ineficaz prolongar artificialmente la duración de cada actividad. Esta tendencia generalizada no se relaciona con la creación de un método de aprendizaje positivo y efectivo, sino con la necesidad de manipular ciertos mecanismos de sugestión para provocar estados de conciencia específicos. Cuando el sujeto recuerda su experiencia durante la meditación, a menudo en un lugar acondicionado para ello que le produce una sensación de serenidad y tranquilidad favorable para el desarrollo de la actividad, tiende a destacar la imagen de sí mismo meditando y la identifica con lo que debería ser el verdadero fruto de la meditación, según esta pauta de trabajo poco recomendable. En otras palabras, el practicante cree que ha estado meditando durante, por ejemplo, 45 minutos, y el atrezzo respalda esa versión de los hechos. No obstante, la realidad es distinta. Aunque es posible que haya habido momentos de verdadera meditación durante el ejercicio, esto sería solo una anécdota afortunada que podría o no repetirse en próximos intentos. De esta manera, la falsificación sustituye a la experiencia real; y, como no puede ser de otro modo, el aprendizaje se detiene, convirtiéndose en un andar lento y errático, en muchos casos inexistente.

Aunque estas afirmaciones pueden parecer muy explícitas, creo que hacerlas con firmeza hace que el lector las considere con mayor interés y les dé la importancia que merecen.

Si un principiante se somete an una sesión de meditación demasiado larga, equivale a dejar an un niño a su suerte en un lugar desconocido del bosque. Quizás pueda encontrar una solución por su cuenta, pero es obvio que lo hará de manera más efectiva y divertida si le enseñamos qué animales y plantas habitan el bosque y le brindamos herramientas para superar la travesía. Igualmente, si le enseñamos durante excursiones breves y divertidas, aprenderá más rápido. Esto le permitirá mantenerse concentrado y absorber el conocimiento.

La conclusión de estas líneas es que una práctica que no es demasiado larga, pero bien planificada y estructurada, es mucho más provechosa e instructiva que un ejercicio que se extiende hasta que el estudiante se agota y se basa sin gracia en principios confusos y vagabundos. Considero que meditar durante cinco a diez minutos, si ya tiene las herramientas para comenzar, puede ser suficiente para un principiante que se está iniciando. Naturalmente, me refiero a la duración del ejercicio, sin tener en cuenta el tiempo necesario para ponerse en la posición correcta y prepararse para comenzar. Es posible que el lector se sorprenda por la corta duración de esta propuesta inicial, sin embargo, según lo que he explicado en la introducción anterior, concentrarse durante cinco minutos en cualquier tema (que desarrollaré en capítulos posteriores) es algo que requiere entrenamiento, esperando una evolución gradual que se extenderá en el tiempo en función de varios factores. Si consideramos el papel crucial que juega nuestra propia consciencia en tan compleja ecuación, este hecho se vuelve aún más significativo.

El estudiante tiene la libertad de prolongar la duración de los ejercicios en su práctica privada. No obstante, es importante estar listo para identificar el momento en que pueda caer en un estado de desorientación mental, si ocurre. Los estados de conciencia profundos que se alcanzan durante una meditación correcta pueden confundirse con las sensaciones que produce la mente dispersa en un sujeto que está, o cree estar, relajado. Aquí está la trampa que atraviesa el cerebro y en la que el principiante puede caer de repente. Como detallaré más adelante, la dispersión no equivale a la concentración. Aunque una reunión de treinta minutos pueda ser agradable y satisfactoria, puede ser solo una pequeña imitación de la experiencia real. La práctica puede y debe ampliarse más adelante, pero no podremos hacer algo bien durante una hora si no podemos hacerlo por cinco minutos.

Para comenzar, y teniendo en cuenta lo que se describe en este capítulo, es beneficioso considerar el aprendizaje como un proceso gradual y ordenado, y, sobre todo, no apresurarse. Disfrutar de los avances y no caer en la frustración ante los retrocesos es importante. Ambos se presentarán en abundancia, y con frecuencia por sorpresa, a lo largo del camino. Por suerte, el camino no tiene fin.

Meditación Profunda.

Este capítulo explicará una técnica de meditación profunda que cualquiera puede usar. No es la única y tiene la particularidad de permitir el reequilibrio de los 7 Chakras y identificar si hay obstáculos que impiden el flujo de Kundalini. Una de las ventajas de esta meditación es que genera energía mental que se puede usar más tarde.

La práctica de esta meditación es como llenar lentamente una jarra de agua: la mente masajea el cuerpo.

Si desea meditar en otros momentos del día, no hay restricciones; los mejores momentos para realizar este ejercicio son por la mañana apenas te despiertas y por la noche antes de ir a dormir.

La posición a mantener es horizontal, acostado con la espalda completamente recta. Puede usar su cama como base o una colchoneta en el suelo. La cabeza debe apuntar hacia el este y las piernas hacia el oeste, de modo que el norte esté en el lado derecho del cuerpo y el sur en el lado izquierdo. Los brazos se pueden extender hacia el lado del torso o las manos se pueden colocar sobre el estómago, cada uno elige libremente la posición que le resulte más cómoda. Aunque la orientación puede no ser esencial para los objetivos de la meditación, he descubierto que los efectos de esta alineación son mucho más evidentes.

El siguiente paso es comenzar a llenar el cuerpo con energía mental, por lo que debe concentrarse comenzando desde la punta de los dedos de los pies y gradualmente subiendo un punto a la vez hasta la parte superior de la cabeza. Atención, no es cuestión de imaginar que nuestro cuerpo está lleno de energía; debemos tocar cada parte del cuerpo con la mente hasta que comience a producir un hormigueo perceptible. Para empezar, debemos vaciar la mente y concentrarnos en los dedos de los pies, luego en la suela, luego en el talón, las pantorrillas, las rodillas y los muslos.

Cuanto más tiempo te concentras en una sola parte, más se acentúa el hormigueo. Solo cuando aparece, puedes pasar a la siguiente parte. El hormigueo debe ocurrir en unos segundos o un minuto como máximo, pero si no ocurre, simplemente pasa a la siguiente parte. Recuerda mantener el cuerpo completamente relajado y que la sensación de abandono debe causar pesadez en las áreas que la mente toca gradualmente.

Después de completar el llenado del primer paso, comience an activar los 7 Chakras. Una vez que se enfoca la pelvis, debe mantener la concentración en la zona hasta sentir hormigueo en la base de la columna vertebral o incluso calor, que debe cubrir toda la zona de la ingle. Después de esto, puede subir por la columna hasta el ombligo. Si optas por colocar las manos sobre el cuerpo, asegúrate de que el relleno también esté sobre ellas, de lo contrario, tus brazos se engancharán. Si no aparece el hormigueo en unos minutos, es un cierre de un chakra, por lo que el flujo de energía en las siguientes áreas puede ser difícil y limitado. Sin embargo, no debemos desanimarnos y seguir meditando para desbloquear un centro que ha permanecido cerrado. Una vez que la mente toca los 7 chakras, la energía fluye y tiende a reequilibrarse.

Luego subimos al tercer chakra y la energía de la columna llega al estómago. Una vez que se llena, podemos pasar al cuarto chakra. Cuando actuamos sobre los pulmones y el corazón, sentir la respiración y el ritmo cardíaco indica que el chakra está abierto y alineado.

Después de completar la segunda parte de la meditación, puede comenzar la tercera y última subida.

Empezando por la garganta, debes expandir tu percepción hasta los hombros. Si has mantenido las manos en el vientre, ya debes haber percibido los brazos en el ascenso desde el segundo Chakra. Si las manos se mantienen al lado del cuerpo, debes expandir tu mente primero en los brazos, luego en los codos, los antebrazos, las muñecas, las palmas de las manos y finalmente en los dedos.

Ahora llega el sexto chakra, el tercer ojo, que se encuentra desde la garganta hasta la base del cuello y luego hacia la frente, donde se tocan tres órganos sensoriales cruciales: la nariz, los ojos y los oídos. Mantener la concentración es esencial para no interrumpir el movimiento que va de los dedos de los pies a la frente. En este punto, estás preparado para el último paso, ascender a la corona.

Cuanto más tiempo se dedica a mantener activa la energía de Kundalini porque todo el cuerpo está cubierto, mayores son los beneficios de esta forma de meditación. La mente ahora puede viajar por todo el cuerpo recorriendo cada parte en orden inverso, desde la corona hasta la punta de los pies y nuevamente hasta la corona. La mente debe estar concentrada solo en escuchar al cuerpo. Todo lo demás, como la vida diaria, los pensamientos de trabajo, los compromisos adquiridos u otros temas, debe distraer a la mente. De lo contrario, una pequeña distracción es suficiente para interrumpir el flujo y terminar la meditación.

Si esta meditación se realiza por la noche, la mejor manera de terminar es dormirse. Si luego tienes que retomar con actividades, puedes comenzar a calmar el flujo comenzando desde la corona o la punta de los pies, pero al revés, vaciando todo el relleno, es decir, liberando la zona en la que te concentras.

La interrupción abrupta de la meditación anula el esfuerzo realizado.

Como dije al principio del libro, este es un camino que no tiene meta final, y cuanto más se vive libre de ansiedad, más fácil y agradable será el camino. Un error que puede llevar an un resultado fallado es la ansiedad por alcanzarlo o la frustración por la meta fallada. El hombre tiene poca memoria; si recordara el esfuerzo que hizo para poder caminar, sabría que todo esfuerzo trae un resultado; todos caminamos y corremos, nadie recuerda el esfuerzo que se hizo para tener éxito; no todos podemos participar en los Juegos Olímpicos y un número aún menor puede ganar una medalla de oro, pero todos podemos alegrarnos de poder correr libremente, por lo que solo se puede lograr el objetivo dando pequeños pasos

Esta meditación también puede ayudarnos an entender qué impide el resultado; cada Chakra tiene su propio significado; si uno de los 7 puntos energéticos principales no se ilumina o es muy dominante en comparación con los demás, es un signo de que debemos trabajar para reequilibrarlo. Esto también se aplica an otras partes del cuerpo. Además de los 7 puntos energéticos principales, hay muchos otros puntos energéticos en el cuerpo humano (los meridianos del cuello, los chakras

Meditación Guiada: So Ham

Continuamos con una simple meditación guiada que puedes hacer en cualquier momento. Este mantra es muy útil y ayuda a calmar el cuerpo y la mente de manera casi instantánea. Es también conocido como el mantra natural o el mantra sin pronunciar porque se asemeja a la respiración.

¿Cuál es el significado del mantra "SO HAM"?

El sonido que emitimos al inhalar y el sonido que emitimos al exhalar son similares. "Yo soy lo divino" es el significado de "SO HAM". Tu gratitud y amor propio aumentarán al repetir este mantra todos los días. Tenemos más poder de lo que creemos, aunque a veces no lo sintamos. Estamos tanto en control de nuestras acciones como de nuestros sentimientos. Realiza esta respiración cada vez que te enfrentes an una situación difícil, te sientas estresado, malhumorado o fuera de control. Verás cómo tu cuerpo y tu mente se relajan en un instante. Puedes realizar esta meditación antes de dormir tanto en la mañana como en la noche. Puede establecer una intención por la mañana y otra por la noche. Aprovecha estos momentos de tu día para meditar y atraer todo lo que desees a tu vida. Recuerda que la gratitud traerá abundancia y felicidad a tu vida.

Siéntate en un lugar sereno y cierra los ojos. Comienza a respirar y expulsar. Estás en un lugar seguro, en un ambiente tranquilo y en paz. No tienes de qué preocuparte en este momento; estás aquí.

5

Meditación: OM Mantra

Uno de los mantras más conocidos y sagrados, representa la liberación de la mente y la liberación, y es el sonido del inicio de todo. El mantra OM se puede usar para atraer buena energía o buena vibra a nuestra vida.

Puedes recitarlo en momentos de estrés, tristeza, cuando estás de mal humor o enojado, y todas las mañanas.

¿Tengo que preocuparme por recitarlo correctamente?

OM es pronunciado como AUM. Al pronunciarlo, sentirás una vibración que se extiende desde tu pecho hasta tu garganta antes de llegar a tu paladar. Al principio, puede que no lo sientas, pero no te preocupes; si lo sientes, disfruta de la sensación.

La intención que pongamos también es crucial. Recuerda que tanto nuestros pensamientos como nuestras acciones emiten sonidos.

Meditación utilizando el Mantra OM.

Disfruta de este tiempo de reflexión. Comencemos.

Siéntate en un lugar cómodo y fresco, donde puedas permanecer en silencio durante 30 minutos sin ser molestado. Tomará unos minutos acomodarse. Ya sabes que puedes sentarte encima de un cojín, apoyar la espalda contra la pared o sentarte en una silla. Cierre los ojos una vez que te encuentres cómodo. Comienza a respirar y expulsar.

Comienza an inhalar hondo. Siente cómo todo el oxígeno fluye por tu cuerpo, cómo tu cuerpo comienza a relajarse y cómo deja atrás todas tus preocupaciones. Continúa con inhalación y exhalación. Recita el mantra OM tres veces después de inhalar. Ten tiempo. Cada vez que pronuncias este mantra, sentirás que todo tu estrés se va.

Recita este mantra durante un par de minutos. Si puede recitarlo treinta y seis veces aún mejor, recuerda tomarse un momento para respirar, inhalar y exhalar.

OM GAM GANAPATAYE NAMAHA

Este mantra aumentará la gratitud, la abundancia y la fortuna en tu vida. Además, funciona para eliminar obstáculos. Para obtener beneficios, repite este mantra todos los días.

El mantra te ayudará a silenciar esos pensamientos repetitivos y ansiosos que aparecen y desaparecen a diario. Este mantra te ayudará an enraizarte en el presente si eres una persona ansiosa, que le gusta pensar en el futuro o que vive en el pasado. Tomar el tiempo para despejar su mente y reemplazarlo con este mantra puede llevarlo an un lugar mental más seguro. La esperanza es que esté preparado para enfrentar lo que tenga delante una vez que haya terminado sus repeticiones.

Apelar al chakra raíz también significa elegir alinear nuestros cuerpos, y eso debería mejorar la circulación sanguínea y el metabolismo para mejorar la salud física. Puede estar firmando un contrato comercial significativo o comenzando un nuevo trabajo. El mantra "Om gam ganapataye namaha" funciona bien porque bendice nuevos comienzos y alivia los miedos de una situación inesperada.

¿Cuál es el contexto? El mantra "Om gam ganapataye namaha" es excelente para conectarse con la tierra. La espiritualidad, claro, no es para todos; sin embargo, para convertirse en la versión más consciente y equilibrada de uno mismo, es necesario hacer algo de trabajo preliminar. Los mantras son buenos para despejar la mente y estar presente, y om gam ganapataye namaha hace que te sientas mejor. Por lo tanto, comienza con un canto. Observa lo que sucede. No podría ser peor que decir: "literalmente, ni siquiera puedo".

7

Meditación orientada por SAT NAM

Este mantra es muy poderoso; te ayudará a conectarte con la verdad dentro de ti y te dará coraje para enfrentar cualquier tipo de circunstancia. Porque SAT significa verdad y NAM significa llamada, estás llamando a la verdad y al propósito de tu vida. Kudalini Yoga utiliza este mantra muy poderoso para despertar una energía muy poderosa. Descubrir la verdadera razón de tu vida y llamar a la abundancia te ayudará a comiences a apreciar cada momento de tu vida, cada momento que pasa. Podrás comenzar a vivir en el presente y esto te ayudará a comiences a apreciar cada situación y cada momento.

Cuando te alineas con la verdad, SAT, todo tu ser vibra y NAM, o tu destino, llega a ti.

Siéntate en un lugar cómodo para comenzar a meditar. Si tu mente está agitada, no te preocupes; deja que tus pensamientos surjan y observalos. Comienza an inhalar y exhalar, inhalando y exhalando de manera profunda. Si tu mente comienza a divagar, no te estreses ni te frustres; en lugar de eso, concentre tu atención en tu respiración. Recita este mantra durante cinco minutos mientras comienza a repetir SAT NAM. SAT NAM sigue retrasado, con seguridad. Exhala y respira.

Disfruta de este momento ahora. Comienza tu día abriendo los ojos. Estoy agradecido por haberte dado este momento. Recuerda que puedes inhalar y respirar profundamente si en algún momento del día te sientes malhumorado o sin paciencia con alguna situación. Esto te calmará tanto el cuerpo como la mente.

Metodos para la Meditación

Mucho se ha hablado de este tema y ya no es algo desconocido para todos. Hay muchas corrientes que ofrecen diferentes formas de meditar o estados de meditación. Lo que voy a hacer es describir perfectamente lo que practico, que es muy simple y se basa en la respiración.

Los beneficios de la respiración

La Respiración es una parte muy importante de la meditación y mediante ésta llegamos al estado de relajación y a detener la mente, así llevarla an un estado que quizá pudiéramos llamarlo de invernación y en ese estado es como nosotros podemos concentrarnos mejor, así poner nuestra atención en el propósito de la meditación, haciendo posible se nos permita acceder al mundo espiritual, de pronto existen algunas circunstancias que nos impiden relajarnos y esto tiene que ver con la mente, si nosotros no podemos detener la mente es obvio que difícilmente podemos llegar an un estado de relajación, la mente nos va an estar mandando diferentes ideas o nos va an estar llevando a diferentes lugares o pensamientos, de esta forma no podemos meditar, la respiración es muy importante para llegar an un estado de relajación mental, lo que tenemos que hacer si la mente nos está obstaculizando el proceso es hacer más respiraciones, si hicimos veinte, debemos hacer cuarenta o cincuenta, debes considerar que las respiraciones deben ser por la nariz un poco más profundas que las normales y debes hacer las necesarias para lograr aquietar la mente, de esta manera estaremos nosotros en el punto óptimo para continuar con el proceso.

La finalidad de la meditación

Una vez que llegamos an este estado de relajación, ahora lo que vamos a hacer es visualizar, porque la meditación que utilizo se llama visualización. Una vez que llegamos an este estado de relajación, ahora podemos empezar a visualizar lo que vamos a hacer, y sobre todo para aquellos que inician la meditación, siempre debe haber un propósito.

Si, mi objetivo es relajarme o llegar an un estado de tranquilidad y paz, me puedo ir an un recuerdo en la playa y recordar aquel atardecer hermoso y los momentos precisos en los que se estaba ocultando el sol, el sonido de las olas, la textura de la arena, la compañía, el olor del mar, de esta forma me concentro en cada detalle de aquel recuerdo o a revivir todo lo que sucedió en ese momento y de pronto todo toma vida, es decir, para que exista una meditación visualización lo primero es que, tengo que imaginar y posteriormente todo sucede, es como un switch que cambia de la imaginación an un estado de realidad que hace que dé paso al mundo espiritual, una vez que sucede ya la imaginación se detiene y el mundo espiritual se manifiesta, es en ese momento que experimentamos otro tipo de visualizaciones, como puede ser gente en la playa, animales, un atardecer diferente y todas estas visualizaciones que estamos experimentando seguro están sucediendo, no sabemos en qué playa pero están sucediendo, quizá esté sucediendo en la misma playa en la que tuvimos este recuerdo, así que podemos pensar que la visualización es el objetivo de esta meditación, pero lo que es seguro es que al final de esta meditación te sentirás mucho más relajado y en paz contigo mismo. Siempre debe haber un objetivo y es tan simple como esto: si quiero relajarme, voy an un lugar que me traiga recuerdos relajantes, si no, puedo imaginarlo y crearlo. La meditación tiene esta ventaja de llevarnos an un estado de tranquilidad y así podemos equilibrar nuestro estado emocional de inmediato, como podemos ver, no es nada difícil y cualquier persona puede hacerlo.

El propósito de la meditación debe estar claro desde el principio. Por ejemplo, puede ser un buen propósito sentir la energía de nuestro Padre. Este objetivo permite sentir la energía del amor puro que nuestro Padre tiene a disposición para que la utilicemos. Para utilizarla, describo el propósito:

Meditación en honor al Padre

Una vez que estamos relajados, vamos a salir por nuestra cabeza hacia arriba, subimos lo más alto posible, vamos a ver el espacio oscuro y seguimos subiendo, cuando subamos lo suficiente veremos una enorme luz blanca muy muy blanca, es muy muy grande como si fuera una luna del mismo color, una vez que lleguemos a ella y estemos dentro, vamos a traernos un pilar de esa luz hacia nosotros, ésta entrará por nuestra cabeza, lentamente baja por nuestro cuerpo, frente, ojos, nariz, nuca, boca, llega a nuestro cuello y toda nuestra cabeza está iluminada, así posteriormente baja por nuestro cuerpo, hombros, brazos antebrazos y llega nuestras manos, la concentramos ahí, la sentimos, ahora nuestra cabeza y brazos se ven de color blanco, después baja por nuestro pecho, estómago, baja por nuestra espalda, vientre, sentaderas y sigue bajando por nuestras piernas, llega hasta las rodillas, baja en nuestras pantorrillas, llegando a nuestros pies y nos detenemos ahí, sentimos esta energía en todo el cuerpo, nos vemos de color blanco y la sentimos, esta energía de nuestro Padre purifica nuestro cuerpo, sentimos una y otra vez, esta luz pone todo nuestro cuerpo de color blanco, nos quedamos ahí y observamos, sentimos y respiramos, permanecemos por el tiempo deseado sintiendo y visualizando, una vez que terminemos, regresamos a nuestro cuerpo e iniciamos retomando el control del mismo, movemos las manos y los pies lentamente y poco a poco abriremos los ojos, nos quedamos por un momento y concluimos.

Esta es una forma de visualización de la meditación en la que estamos visualizando recibir la energía de nuestro Padre. Podrás decir que esto no es real porque todo lo imaginaste, pero es verdad; lo que estás visualizando realmente sucede. No puedes negar esto porque sentiste esta energía en tu cuerpo y creó un estado de paz y amor que no habías experimentado en mucho tiempo.

La energía de nuestro Padre es muy poderosa y está entrando en tu cuerpo, generando una transformación. Tu energía interior se transmuta y se llena de amor, armonía y sanación, por lo que tienes un propósito allí.

¿En qué momento es posible realizar una meditación?

Realmente no hay un momento específico para meditar, ni una posición, música o propósito fijo; la persona que medita determina eso. Si te funciona levantarte por la mañana y hacer una meditación para vigorizarte y tener mucha energía durante el día, eso es perfecto, pero también puedes hacerlo a media tarde porque también necesitas energía. Quizás en el horario que no sería prudente sería durante la noche porque es el momento de la meditación.No, pero el objetivo de la noche es dormir. Elegir un horario que no es para sanar es para dormir. Debemos elegir cualquier horario, pero debemos tener en cuenta lo que planeamos hacer en la meditación, si deseamos dormir para relajarnos o para lograr otro objetivo.

Hay personas que se levantan temprano en la mañana, como yo. Cuando intento meditar para sanar, por ejemplo, no me funciona debido a que mi energía no está estable y no llego a la intensidad que necesito para lograr el objetivo. Por lo tanto, siempre trato de meditar después de las once de la mañana, aunque puedo hacer otras meditaciones antes de las once, pero lo que quiero decir con esto es que tendrás que planificar tus horarios

Posición para meditar

¿Es necesario realizar la flor de loto para meditar? ¿Es necesario que sea una posición específica?En realidad, la visualización de la meditación requiere una posición cómoda. Si te sientes cómodo acostado, sentado o en flor de loto, está bien; puedes usar cualquier posición que te sea más cómoda. Sin embargo, no debemos estresar nuestro cuerpo, ya que el objetivo es la meditación, y cualquier distractor como un calambre o dolor muscular te impedirá seguir meditando. Usa la posición más cómoda, puedes hacerla acostado

La luz de la meditación

La iluminación es otro aspecto importante al que nos enfrentamos; para que sea posible visualizar, es necesaria la luz del exterior, es decir, no puedes hacer una meditación en la noche sin luz, es necesaria un poco de luz para detonar la visualización, sin luz no hay manera. En mi caso, siempre medito con la luz del día y siempre hay una ventana muy cerca, que me da la luz suficiente para poder visualizar, así que recomiendo que enciendas el televisor, la luz de

El Oráculo

EL oráculo se presenta al cerrar los ojos, nos vamos a este lugar, que está justo en la frente formándose un triángulo entre los dos ojos y el tercer ojo, que es un lugar sagrado que nuestro Padre nos entregó para poder entrar al mundo espiritual, el oráculo se manifiesta de forma automática cuando cerramos los ojos, nuestra atención se va justo al oráculo, en este lugar no existe la posibilidad de que seas atacado por entidades de bajo astral o de otra índole, es posible que la mente te envíe imágenes para boicotearte la meditación, lo único es hacerlas a un lado y se desaparecen.

¿Qué Significa La Meditación Cristiana?

Es un camino sinuoso que nos conduce al núcleo de la Realidad, la cual nos forma, nos sostiene en nuestro ser y, al mismo tiempo, nos trasciende.

No es un camino de centramiento egoísta, sino en la fuente de nuestro ser, que se encuentra en el silencio interior, más adentro que nuestra mente superficial, llena de pensamientos, imágenes, sentimientos, sensaciones y "películas" que nos relatamos a nosotros mismos y que nos dificultan conectarnos con lo que trasciende y a la vez da vida a nuestro ser.

Esto es lo que San Agustín expresa de manera muy significativa:

No salgas, permanece en ti mismo...

La verdad reside en el ser humano y debes superarte a ti mismo.

La permanencia en uno mismo no se refiere a la soledad o el egoísmo, sino an una búsqueda profunda de autoconocimiento y sinceridad con los aspectos más profundos de nuestro psiquismo, con el fin de llegar an un encuentro que nos transformará: el encuentro con Dios, quien es la fuente, el origen y la meta de nuestro ser, la verdad y la vida, quien nos espera para hacernos partícipes de su plenitud.

Jesús nos dijo: "He venido para que tengan vida y la tengan en abundancia".

26

"La meditación es una afirmación de nosotros mismos", afirma John Main. No del ego que desea algo. Cuando nos alejamos del centro de nuestro ser, no de esos aspectos de nosotros que son ilusorios y pueden convertirse en pequeños egos.

El punto de partida, donde nuestro yo se encuentra en total armonía con Dios ('el Otro').

Dios es la fuente de nuestro ser y nuestra individualidad.

En el silencio de la meditación, afirmamos nuestro yo real o completo.

No podemos obtener este yo utilizando la fuerza de voluntad o intentando dominarlo o poseerlo. Si lo logramos, nos encontramos en una situación absurda en la que el ego intenta gobernar al yo, o la irrealidad controlando la realidad, o la cola golpeando al perro.

En la meditación, nos afirmamos a nosotros mismos manteniéndonos en silencio y permitiendo que nuestro yo verdadero se vuelva cada vez más claro, para que su luz se propague dentro de nosotros.

No intentamos hacer nada en este proceso natural de crecimiento espiritual; simplemente nos permitimos ser.

Cuando "abandonamos a nosotros mismos", dejando atrás nuestro yo, estamos en esa condición de libertad y receptividad que nos permite estar en relación con Dios. Esta es la condición en la que Dios puede decirnos (aunque no en palabras) "Te amo". 12 charlas para meditadores

www.ingramcontent.com/pod-product-compliance
Lightning Source LLC
Chambersburg PA
CBHW050234120526
44590CB00016B/2077